성장주 투자로

부자되세요!

이정운

성장주에 투자하라

.

슈퍼개미 이정윤의 주식 투자 정석

성장주에 투자하라

이정윤 지음

VegaBooks

성장주에 투자해서
10년 안에 100억 부자 되세요

▶ 늘 꿈꾸는 성실한
이 세무사

"안녕하세요! 이정윤 세무사입니다."라는 인사말로 유튜브를 촬영하고, 장중 시황을 텔레그램에 올리고, 성장주 투자 강연회를 한지 수년이 흘러가고 있습니다. 이 인사말과 함께 끝인사는 "여러분 성공 투자해서 10년 안에 100억 부자 되세요."라고 합니다. 모든 주식투자자의 꿈은 성공 투자일 것이고 그 결과는 부자가 되는 것이니까요.

부끄럽지만 이 책은 저의 네 번째 책입니다. 이번 책 작업을 하면서 지난 수년간 해왔던 여러 플랫폼에서의 활동과 제가 쓴 세 권의 책을 많이 참고하였습니다. 집필 기간 동안 저도 몰랐던 저 자신을 발견하게 되는 계기가 되었습니다. '아 주식투자자로서 나는 이런 색깔을 갖고 있구나!', '이렇게 주식투자를 해서 성공했구나!' 등의 느낌으로 이 책을 집필하였습니다.

일단 저를 한마디로 표현하면 '늘 꿈꾸는 성실한 이 세무사'입니다. 저는 어렸을 때부터 부자의 꿈을 꾸었고, 주식투자를 시작한 이후로는 성공 투자를 꿈꾸었고, 슈퍼개미가 된 이후로는 제가 운영하는 회사의 상장을 꿈꾸고 있습니다. 작가의 말을 쓰는 지금 이 순간에도 이 책이 베스트셀러가 되기를 꿈꾸고 있네요.

그런데 살면서 막연하게 꿈만 꾸지는 않았다고 생각합니다. 제가 가장 좋아하는 말 '욕심을 버리거나, 노력을 하거나'를 떠올리면서 저의 꿈과 욕심을 위해서 성실하게 살아왔습니다. '늘 꿈꾸는 성실한 이 세무사'는 제가 그렸던 인간상이었고 그렇게 되기 위해 오늘도 꿈꾸고 성실하게 살아가고 있습니다.

그렇다면 주식투자자로서 나는 어떻게 표현하면 좋을까를 생각해 보았습니다.

'탑다운으로 업종을 선택, 삼박자 분석으로 성장주를 선정하고 최고의 매매타이밍을 잡아서 최적의 포트폴리오를 구축하여 20년 이상 정글 같은 주식시장에서 살아남은 성공한 주식투자자'라고 한 문장으로 설명하고 싶습니다. 물론 아직도 완벽하지는 않지만, 문장 그대로의 주식투자자가 되기 위해서 한발 한발 나아가고 있는 거겠지요.

그래서 이 책의 집필 방향은 탑다운 분석으로 업종 선택, 삼박자 분석으로 종목 선정, 최고의 매매타이밍 선정, 최적의 포트폴리오 구축과 운영으로 독자들이 성장주에 투자해서 성공 투자로 부자가 되는 것입니다.

▶ 2022년 금리 인상과 4차 산업혁명 무엇이 더 중요한가?

2022년은 제로금리 시대를 끝내고 금리 인상이 시작되는 해입니다. 통상적으로 금리 인하 시기는 성장주 투자, 금리 인상 시기는 가치주 투자가 유리하기 때문에 올해 성장주 투자는 조심하라는 분석들이 많이 나오고 있는 요즘입니다.

그런데 경기의 선행지표인 주가지수 그리고 기업이익의 선행지표인 주가는 단 하나의 변수로 움직이지 않습니다. 금리는 경기의 수요 측면에서 가장 중요한 것이기 때문에 늘 중요하게 지켜봐야 하지만, 경기의 공급 측면에서 가장 중요한 것은 기술혁신입니다.

지금은 누구나 알다시피 4차 산업혁명이라는 기술혁신의 시기입니다. 몇십 년에 한 번 나오는 기술혁신의 시기와 몇 년에 한 번 나오는 금리 인상의 시기가 맞붙는다면 어느 것이 더 시장에 큰 영향을 미칠까 잘 생각해 볼 때입니다.

가솔린차가 전기차로 바뀌는 것을 시발점으로써 자율주행이 점점 가까워지고 있는 시대, 가상의 공간 메타버스와 현실 공간에서의 로봇이 우리의 생활을 편리하게 해주는 시대, 나아가 민간 기업이 우주로 나가는 시대입니다.

이 중요한 4차 산업혁명이라는 격변의 시기에 금리 인상이라는 하나의 변수로 성장주 대신 가치주를 사야 할까 고민하는 투자자에게 하나의 울림이 되는 책이기를 간절히 바랍니다.

▶ 이 책의 사용법

이 책의 본문은 총 3부로, 각 부는 8장으로 구성되어 있습니다. 각 부의 특징을 알고 여러분들의 주식투자에 도움이 되었으면 하는 마음에 이 책 사용법을 적어봅니다.

1부는 '성장주에 투자하라'입니다. 주식시장의 해묵은 논쟁이 성장주 대 가치주입니다. 가장 좋은 선택은 내 몸에 맞는 전략으로 종목을 선정하는 것인데 많은 투자자가 내 스타일이 무엇인지조차 잘 모르고 있는 것이 현실입니다. 20년 이상의 투자 인생에서 느낀 성장주에 투자해야 하는 이유를 1부에 담았습니다.

주식투자를 반드시 해야 하는 동기부여를 주기 위해서 저의 성공담을 진솔하게 이야기하였고, 제로금리 시대, 백세시대에 주식투자가 선택이 아닌 필수임을 강조했습니다. 경제적 자유에서 나아가서 인간관계에서의 자유를 위해 성공 투자의 꿈을 심어드리려 했습니다.

미래의 자유를 위해 현재의 자유를 포기하고 있음에도 만족할 만한 투자성과가 나오지 않는 투자자에게 성장주 투자의 장점과 성장주를 쉽게 찾는 방법을 제시했습니다.

1부를 읽고 독자 여러분이 이런 감정을 느끼면 좋겠습니다. '아! 나도 슈퍼개미 이 세무사처럼 성장주 투자로 부자 되고 싶다.'

2부는 '슈퍼개미의 실전 투자 노하우'입니다. 제가 20년 이상 주식시장에 몸담고 살아남으면서 쌓아온 저만의 투자전략을 가감 없이 제시했습니다. 그리고 2부를 이루는 8장은 순서도 매우 중요함을 기억하고 책을 읽기 바랍니다.

먼저 탑다운 분석이 익숙하지 않은 투자자에게 탑다운 분석을 왜 해야 하고 어떻게 해야 하는지 1~3장에서 설명했습니다. 이유와 방법을 배웠다면 성공 투자를 위해서 탑다운 분석을 안 할 이유를 찾지 못할 것이고 지금부터 당장 실행할 수 있을 것입니다.

4~6장에서는 업종을 선정한 후 업종 내 탑픽 종목을 선정하는 방법을 삼박자 분석법으로 알려드립니다. 가치, 가격, 정보의 유기적 관계를 이해하고 다각적인 측면에서 종목을 선정하는 것이 한 측면만 바라보는 것보다 얼마나 유리한지 배우게 됩니다. 이를 통해 그동안 너무 어려웠던 종목선정을 스스로 직접 해나가는 자신

을 발견할 수 있게 될 것입니다.

7~8장은 매우 실전적인 이야기입니다. 투자자들이 가장 어려워하는 것이 매수매도 타이밍 잡기입니다. 기술보다 강한 심리가 바탕이 되어야 하는 타이밍 잡기를 쉽게 할 방법을 제시합니다. 특히, 물타기 금지와 분할매매의 장점을 비교, 설명해서 독자들이 나쁜 습관을 고쳤으면 하는 바람을 담았습니다. 그리고 주식투자의 최종단계인 포트폴리오 구축의 중요성과 방법을 제시했는데 이 부분을 읽으면서 각자 자신의 포트폴리오를 진단하기 바랍니다.

여러분이 2부를 읽고 이런 생각이 들었다면 이 책은 성공입니다. '탑다운으로 업종을 선택하고 삼박자로 종목을 선정해서 분할매매로 최고의 포트폴리오를 구축해야겠다.'

3부는 '2022년 주목할 TOP 8 성장산업'입니다. 저는 '성장주에 투자하라'라는 주식 강연회를 매달 진행하고 있습니다. 보통 1부에서는 주식투자에 대한 철학이나 전략을 말하고 2부에서는 업종이나 종목을 말합니다. 쉽게 말해서 1부에서는 그물을 주고 2부에서는 물고기를 주는 것입니다. 원론적으로 그물이 물고기보다 더 중요한 것은 말할 필요도 없지만, 투자자의 마음은 그렇지 않다는 것 또한 말할 필요도 없습니다. 그래서 이번 책에서는 과감히 물고기를 주되 그물 안에 있는 물고기를 주기로 했습니다.

3부 8장에서는 탑다운 분석상 왜 이 산업에 관심을 가지게 되었는지 그 이유를 설명하고 증권사 리포트에서 해당 산업의 설명과 관심 종목분류 부분을 발췌했습니다. 그리고 마지막으로 각 산업에 TOP 3 종목을 왜 선정했는지 삼박자 분석으로 설명하였습니다. 즉 3부는 2부의 실전이라고 보면 됩니다. 2부가 그물이라면 3부가 그물 안에 물고기(8개의 산업과 24개의 종목)라고 설명한 이유입니다.

3부를 읽은 독자님에게 꼭 부탁드리고 싶은 말씀이 있습니다. '계좌에 있는 종목을 왜 샀는지 기억 못 하고 언제 팔아야 할지 판단을 못 하는 단순한 계좌주가 아닌 스스로 분석하고 스스로 결정하고 스스로 책임지는 현명한 주식투자자가 되자!'

▶감사 인사

《성장주에 투자하라》의 출간을 허락해 주신 베가북스 권기대 대표님과 배혜진 이사님께 감사드립니다. 그리고 이번 책 작업을 제 일처럼 도와준 밸런스 에셋의 서동구 부장님을 비롯해서 저와 함께 주식투자교육과 재테크 컨설팅으로 고객들 부자 만들기에 최선을 다하는 밸런스투자아카데미, 밸런스에셋, 밸런스택스의 모든 임직원분에게 진심으로 감사드립니다.

유튜브 채널 〈슈퍼개미 이세무사TV〉의 20만 구독자님들, 블로

그와 카페, 부자학교, 주식 강연회와 주식 강의 등에서 함께 공부하고 늘 응원해주시는 주식투자 동지들에게 성공 투자로 부자 되는 그날까지 함께 하겠다는 말씀을 전합니다.

이제 막 대학을 졸업하고 사회에 첫발을 내디딘 재원과 대학에 입학하여 미래의 꿈을 키워나갈 준석의 앞날에 행운이 있기를 바랍니다. 마지막으로 사랑하는 가족을 비롯한 모든 지인의 건강과 행복을 기원합니다.

독자 여러분 모두 성공 투자해서 행복한 부자 되기 바랍니다. 파이팅!

_ 늘 꿈꾸는 성실한 이 세무사

2부 | 슈퍼개미의 실전투자 노하우

1장 TOP-DOWN으로 분석하라

2장 경기를 읽어라

3장 리포트 공부와 HTS 사용법

4장 가치분석으로 종목 선정

3부 | 2022년 주목할 TOP 8 성장산업

INVEST IN GROWTH STOCKS

PART 1
성장주에 투자하라

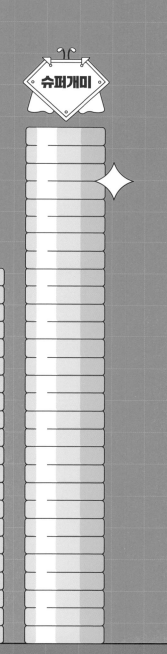

1장

부자의 꿈

▶ 10만 원으로
100조 원을 벌 수 있다!

아마 꿈을 꾸지 않는 사람은 없을 것이다. 좋은 대학에 진학하는 꿈, 좋은 회사에 취직하는 꿈, 좋아하는 사업을 하거나 이상형과 사귀는 꿈. 이렇듯 세상에는 다양한 종류의 꿈이 있고, 우리는 다양한 꿈을 꾼다.

이렇게 많은 꿈 중에서 모두가 한 사람의 예외도 없이 꾸는 꿈이 있다. 바로 '부자의 꿈'이다. 너무 막연하게 느껴지고 희망이 보이지 않아 당장 손에 잡지 못하는 사람들이 있을 수 있지만, 아무리 막막해도 정말로 부자가 되기 싫은 사람은 없을 것이다. 부자가 되기 위해서는 먼저 진짜 부자의 꿈을 꿔야 한다. 막연한 부자의 꿈이 아닌, 진짜 부자의 꿈을 말이다.

PART 1 성장주에 투자하라

나는 아주 오래전, 어린아이였을 때부터 부자의 꿈을 꿨다. 초등학교 3학년 수업 시간에 장래희망을 발표한 적이 있다. 다들 대통령, 교수, 의사, 변호사와 같은 직업을 외칠 때 나 혼자만이 '부자가 될 거예요.'라고 말했다. '부자가 직업이야?' '부자가 무슨 꿈이야'라고 황당해하던 친구들의 표정이 아직도 생생하다.

나는 어린 시절 부유한 집안의 아이들이나 다니던 유치원은 문 앞도 가본 적이 없다. 유치원은 고사하고 학교 정규교육 외 사교육을 받은 적 역시 단 한 번도 없다. 심지어 성인이 될 때까지 수영이나 테니스 같은 스포츠 강습은 물론 그 흔한 태권도 학원이나 미술 학원조차 한 번도 다녀본 적이 없었다.

찢어지게 가난한 수준은 아니었지만, 상대적으로 부유한 집안의 친구들과는 확실히 생활이 달랐다. 당시 살던 동네에 고층 아파트가 있었는데, 부자들이 많이 사는 아파트였다. 그 아파트에 사는 같은 반 친구들은 옷매무새는 물론 도시락 반찬까지도 달랐다. 그래서였을까? 어린 마음에 그 친구들의 생활을 보면서 부자가 되고 싶다는 생각을 한 건지도 모른다.

고등학교 2학년이 되던 해 아버지의 사업 실패로 정들었던 학교 앞집을 떠나야 했다. 학교에서 거리가 더 멀고, 이전 집보다 더 작은 집으로 이사를 했다. 걸어서 등교하다 이사를 간 후에는 매일 한 시간 정도 버스를 타고 학교에 다녔다. 그 무렵부터 부자가 되어 전에 살던 집을 다시 사고, 하고 싶은 걸 다 하고, 먹고 싶은 걸 다 먹으면서 살고 싶다는 생각이 자라났다. 막연하게만 생각하던 부자의 꿈을 조금 더 구체적으로 꾸기 시작했다.

그런데 어린 나이에 부자에 대한 꿈을 꾸다 보니 어느 정도의 돈을 가지고 있어야 부자인지 잘 몰랐다. 그래서 무모하게도 나의 첫 부자의 꿈은 '백조 부자'였다. 지금 생각하면 허무맹랑한 액수지만 당시에는 무척 진지하게 나름 논리를 펼쳐가며 '백조의 꿈'을 꿨다. 지금 생각하면 기특할 정도다. 돈의 크기는 몰랐지만, 구체적인 액수를 정했던 것이 신의 한 수였다는 생각이 든다.

굉장히 단순한 논리였다. 돈을 한 번 벌 때마다 두 배씩 벌 수 있다고 가정했다. 두 배 벌기를 10번 하면 1,024배로 1,000배가 넘는다. 그렇다면 10만 원으로 두 배 벌기를 30번 성공해서 100조 원을 벌 수 있다고 생각했다 '10만 원 두 배 벌기'를 10번 반복하면 1억 원이다. '1억 원으로 두 배 벌기'를 10번 반복하면 1,000억 원이 된다. '1,000억 원으로 두 배 벌기'를 10번 거듭하면 100조 원이 된다.

어린 나이였지만 두 배 벌기가 쉽게 느껴졌다. 30번 하는 것도 가능하리라 믿었다. 그래서 나는 그날부터 책, 노트, 모자 등 내가 가진 모든 소지품에 '백조의 꿈'을 새겼다. 친구들은 호수 위에 떠다니는 '백조'라고 생각했을지 모르지만 내 머릿속에는 '백조 원 부자'의 꿈으로 가득했다.

백조의 꿈을 가진지 수십 년이 흘렀지만 난 아쉽게도 아직 그 꿈을 달성하지 못했다. 그래도 혼자의 힘으로 상상할 수도 없는 큰 돈을 벌었고 '부자의 꿈'을 이루었다. 진짜 부자가 된 것이다. 이런 과정을 겪었기 때문인지 꿈은 가능하면 크게 갖는 것이 좋다고 생각한다. 큰 꿈나무일수록 오르다 멈추게 되더라도 다른 나무보다 더 높이 올라갈 수 있고, 모진 풍파에 꿈이 부서져도 큰 꿈일수록 그 파편이 더 크게 남기 때문이다.

'부자 학교'를 운영하며 수업을 듣는 학생들에게 항상 하는 말이 '꿈은 크게 가져라'이다. 사실 사람들 대부분이 꿈에 도달하지 못한다. 그러나 죽도록 노력하면 그 부근까지는 간다. 아니, 그 부근까지 가지 못하더라도 큰 꿈일수록 남들보다 더 많이 나아갈 수 있다. 애초에 쉽게 달성할 수 있다면 그걸 꿈이라고 할 수 있겠는가.

▶ 부자가 되기 위해서
성공투자의 꿈을 꾸다

성인이 되고 대학 시절을 보내면서 백조의 꿈을 이루기 위해 '도대체 나는 부자가 된 사람들과 무엇이 다를까?'를 자주 고민했다. '사업을 해볼까?'라는 생각도 해봤지만, 사업을 시작할 종잣돈조차 없었다. 그 와중에도 평범한 직장인의 삶으로 부자가 될 수 없다는 것은 본능적으로 알 수 있었다.

아무것도 가지지 않은 내가 빨리 돈을 벌 수 있는 방법으로는 '도박' 밖에 떠오르지 않았다. 특히 당시 두 배 벌기에 꽂혀 있었기에 더욱 도박이 와 닿았던 것 같다. 그렇게 열심히 포커를 치고 다녔지만, 고작 친구들과 포커를 치고 다니는 것으로 부자가 될 수 없다는 것을 너무나 쉽게 깨닫게 되었다.

그러던 어느 날 우연한 계기로 경마장에 가게 됐다. 그리고 처음 경마장을 간 그 날 하필이면 '초심자의 행운'이 나에게 찾아 왔다. 1,000원을 베팅했는데 100배가 맞으면서 10만 원이라는 거금을 배당금으로 받게 됐다. 그 후로 거의 6개월 동안 매주 주말마다 경마장을 다니면서 한 학기 등록금을 날리기까지 했다.

지금은 덤덤하게 말할 수 있는 일이지만 그땐 정말 죽고 싶었다. 그리고 그때 이런 도박으로는 절대 부자가 될 수 없다는 걸 깨달았다. 단순히 도박을 잘하고 못하고를 떠나 경마장이나 하우스, 카지노의 경우 하우스 비용 때문에 게임의 수를 늘릴수록 나의 자금은 결국 0에 도달한다는 매우 수학적인 결론에 도달한 것이었다.

도박에서의 두 배 벌기 실패는 나에게 다른 대안을 찾게 했다. 그 대안이 바로 '주식투자'였다. 내가 성인이 되던 시기인 1992년부터 1994년까지 종합주가지수가 500p에서 1,100p까지 두 배가 넘게 오르면서 주변에는 주식으로 돈을 번 사람들의 무용담이 넘쳐났다. 경영학을 전공하는 대학생이었던 나는 전공 교수님들에게 주식투자에 관한 이야기를 접하면서 주식투자자로 성공하는 꿈을 구체적으로 꾸게 되었다. 물론 당시에는 주식투자를 할 돈이 없었기에 꿈만 꾸었을 뿐 실제로 계좌를 트고 돈을 벌 수는 없었다.

요즘 주식투자자들을 보면 대부분 주변에서 주식투자 해야 한다 말을 많이 듣다가 계좌를 만드는 경우가 많다. 자신이 주식투자가 하고 싶어서 계좌를 만드는 것이 아니라 남의 말을 듣고 계좌를 만드는 '주객이 전도된' 경우라 할 수 있다. 주식투자의 주체는 자기 자신인데, 자유로운 의지로 판단해 계좌를 만든 게 아니라 주변 사람들의 의견을 듣고 수동적으로 만들었기 때문에 투자도 수동적으로 하는 경우가 많다.

주식투자를 하고 싶어서 계좌를 만드는 것과 돈이 있어서 그냥 재테크 수단으로 계좌를 만드는 것은 천지 차이다. 나는 돈은 없었지만, 너무 주식투자를 하고 싶었다. 그래서 계좌도 없이 일단 주식투자 공부부터 시작했다. 돌이켜보면 그 시기에 했던 주식투자 공부가 너무 소중하다. 이 경험으로 인해 요즘도 강연장에서 농담 반 진담 반으로 "초보 분들은 계좌에서 돈 다 빼고 공부부터 하세요."라고 말하기도 한다.

▶ 성공투자로
진짜 부자가 되다

　나는 땡전 한 푼 없던 20대 후반에 시작한 주식으로 30대 초반이라는 젊은 나이에 100억대 자산을 가진 부자가 됐다. 간절히 바랐던 부자의 꿈인 '백조 부자'를 이루지는 못했지만 단 3년 만에 '백억 부자'가 된 것이다. 어떻게 이런 기적 같은 일이 가능했을까? 그럼 이제부터 1999년부터 2002년까지 무일푼에서 '백억 부자'가 되었던 이야기를 잠깐 해보겠다.

　앞에서 이미 말했지만, 나는 당시 도박으로 큰돈을 잃고 주식투자로 돈을 벌어야겠다는 결심을 했다. 그렇게 미리 주식 공부를 하다가 군 복무 시절에 첫 주식계좌를 만들었다. 휴가를 나와 주식계좌를 개설하고 군 복무하면서 모은 돈 10만 원 정도로 주식투자를 시작했다. 다행히 행정병이라 경제뉴스를 매일 볼 수 있었다. 그때는 경제신문을 보면 시세표가 다 나와 있었기에 그걸 보면서 주식투자를 했다. 지금 생각하면 호랑이 담배 피우던 시절이라고 할 수 있는 경제신문으로 시세표를 확인하고 전화로 매수주문을 하던 시기에 슈퍼개미의 꿈이 시작된 것이다.

　주식을 시작한 때가 IMF 시기였던 것, 그리고 군대에서 돈이 별로 없을 때 주식을 시작한 것이 오히려 기가 막힌 좋은 주식투자 시작 타이밍이 되었다. 시드머니도 10만 원에 불과했고 돈을 버는 법을 배우지 못했지만, 약세장에서 잃지 않는 법을 배우게 됐다. 이 때 배운 약세장에서 버티는 법은 정글 같은 주식시장에서 산전수전을 다 겪어가면서도 20년 이상 나를 살아남게 한 초석이 되었다.

1999년 2월 공군 병장으로 전역을 했다. 그 무렵 한국 경제는 IMF 시대를 마감하며 빠르게 회복되고 있었다. 나는 빠른 취직을 위해 여기저기 중소기업에 입사원서를 냈다. 그러다가 여의도에 있는 회사에 운 좋게 입사했다. 그 당시 면접을 보러 갔던 날이 아직도 기억난다. 여의도의 고층빌딩들을 보면서 '이곳에서 일하면 정말 큰돈을 벌 수 있겠네.'라는 생각을 하면서 집으로 돌아갔다.

이때부터 본격적으로 주식투자를 시작했다. 당시 살던 집에서 여의도까지는 대중교통으로 거의 두 시간 가까이 걸렸다. 새벽 5시 전에 기상해서 밤 11시가 넘어야 집에 들어오는 생활을 계속했다. 아침 7시부터 밤 9시까지 회사에서 일했다. 그래서 기본급 이외에 꽤 많은 수당을 받을 수 있었다.

그 돈은 슈퍼개미로 성장할 시드머니가 되었다. 만약 내가 열심히 일하지 않았다면 슈퍼개미가 될 수 없었을 것이다. 부자가 되기 위해서는 투자수익률도 중요하지만, 시드머니 확보를 위해서 열심히 일해야 한다는 것을 강조하고 싶다.

그 당시 가장 먼저 했던 실전주식 공부는 종이로 된 증권사 리포트 읽기였다. 수개월 이상 열심히 매일 읽다 보니 증권사 리포트를 쓸 수 있는 수준이 됐다. 주식투자의 지식과 경험이 늘어날수록 주식계좌의 금액 역시 커져만 갔다. 이것이 내가 공부를 열심히 하면 주식투자에서 성공확률이 높아진다고 믿는 이유다. 그리고 교재 중에 '증권사 리포트'를 굉장히 중요하게 생각하는 이유다. 만약 공부해도 안 된다고 생각하는 투자자가 있다면 둘 중의 하나일 것이다. 첫째 공부를 안 했든지, 둘째 이제 곧 성공 투자자가 될 가능성이 크든지.

아주 어린 나이에 빠르게 돈을 벌게 되고 주식투자에 성공할 수 있었던 것은 운이 정말 좋았기 때문이라고 생각한다. 만약 내가 1999년이 아니라 2년 앞선 1997년(IMF 체제로 한국 경제 몰락)이나 9년 뒤인 2008년(미국발 글로벌 금융위기 발생)에 주식을 시작했다면 정글 같은 주식시장에서 살아남지 못했을 것이다. 수많은 개인투자자처

럼 한 3개월이나 6개월쯤 주식을 사고팔다가 '뭐 이런 사기꾼들이 다 있어.'라고 하거나 '주식시장이라는 게 실상은 도박판처럼 결국 내 돈을 다 뺏어가는 곳이구나.'라고 투덜대며 주식시장을 떠났을지도 모른다.

그런데 당시 나처럼 백억 이상 돈을 번 투자자 중에 20년이 지난 지금까지 몇 명이나 주식시장에서 주식투자를 하고 있을까? 몇몇은 살아남았겠지만, 대부분은 주식시장에서 사라졌다. 그리고 나는 살아남았다. 이는 내가 운 좋은 시점에 주식을 본격적으로 시작하고 노력과 실력으로 그 운을 지켜냈기에 가능했다.

운이 좋아서 번 돈은 결국 운이 다하면 내 주머니에서 사라지는 것이 주식시장의 속성이다. 나는 불행 중 다행으로 대학 시절 회계학과 경제학 등을 공부하며 주식시장에서 필요한 학문을 깊게 준비할 수 있었다. 계좌도 만들기 전에 주식투자 관련 서적을 읽었으며 군대에서 적은 돈으로 하락장에서 버티는 법을 경험했다. 꿈을 이루기 위해 노력했고 운을 지키기 위해 노력했기에 성공 투자자가 되었다고 생각한다.

부자의 꿈을 꾸지 않는 사람들은 절대로 부자가 될 수 없다. 꿈을 꾸지 않고 이룰 수는 없기 때문이다. 많은 복권 당첨자들의 불행한 결말 이야기가 들려오는 것도 이러한 이유 때문일지도 모른다. 부자의 꿈 없이 갑자기 복권 당첨금이 생겼으니 부자로서의 삶을 살기 힘들었을 것이다.

그러나 부자의 꿈도 제대로 꿔야 부자가 될 수 있다. 돌이켜보면 나는 어떻게 부자가 될 수 있을지를 매일 생각하고, 부자가 되는 상상도 자주 했다. 또 그 상상을 이루기 위해 노력했다고 자부한다. 내 인생에서 가장 열심히 노력한 것은 주식투자였고, 성공투자는 나를 진짜 부자로 만들었다.

▶ 슈퍼개미의 꿈

주식투자로 큰돈을 벌면서 경제적 자유를 실컷 누리면서 살았다. 사고 싶은 것, 먹고 싶은 것, 하고 싶은 것을 다 했다. 막 부자가 되었던 젊은 시절은 지금보다도 한 달 지출비를 많이 쓰던 시기기도 하다. 큰돈을 벌고 큰돈을 쓰면서 참으로 건방진 계획을 세웠다. 돈은 나중에 언제든지 벌면 되는 일이라고 생각했다. 그래서 모아둔 돈도 많으니 지금 가장 하고 싶은 미국 유학을 가려고 계획을 세우기 시작했다.

서른두 살에 큰 꿈을 안고 일단 영어공부를 하기 위해서 미국이 아닌 캐나다 밴쿠버로 떠났다. 캐나다에서 먼저 영어공부를 한 후에 미국에서 MBA 석사 학위를 따는 계획을 세웠다. 그런데 아는 사람 하나 없는 낯선 땅에서 둘째 아이가 태어났다. 아내와 상의 끝에 어쩔 수 없이 캐나다로 떠난 지 거의 2년 만에 귀국을 결정했다.

　비록 원하는 공부를 끝까지 하지는 못했지만 세 식구가 가서 네 식구가 되어 돌아왔으니 소득은 있었다. 그리고 영어 울렁증을 극복하는 수준을 넘어서 이후 영어공부를 전혀 하지 않아도 세무사 시험에서 80점 이상을 받을 수 있게 됐다. 영어 실력 덕에 다른 과목 공부 시간을 많이 확보할 수 있어 세무사 시험을 1년 만에 합격할 수 있었다. 무엇이든지 열심히 하면 다 써먹을 때가 있는 법이다.

　캐나다에서 한국으로 돌아오기 전에 앞으로 무엇을 하면 좋을지를 고민하던 중 세무사 자격증에 도전하기로 결심했다. 2004년 6월이었다. 귀국하자마자 공항에서 택시를 타고 신림동에 있는 세무사 자격증 학원으로 갔다. 학원 등록 딱 1년 만에 1차 시험과 2차 시험에 동시에 합격했다. 소위 말하는 동차 합격을 1년 만에 한 것이다.

　그 당시 신림동 고시촌 근처에 있는 봉천동의 아파트에서 집을 얻어서 살았다. 나는 아침에 택시를 타고 독서실에 가장 먼저 들어가서 밤에 가장 늦게 나와 택시를 타고 집으로 가는 생활을 매일 했다. 같이 공부하는 어린 친구들이 "형은 어떻게 이렇게 열심히 공부해요?"라고 물어보면 "세상에 얼마나 재밌는 일들이 많은 줄 아니? 빨리 시험 끝내고 인생 재밌게 살아야지!"라고 대답했다.

　1차 시험을 보고서 바로 채점을 했다. 60점 이상이면 합격이었는데 90점 가까이 나왔다. 나는 바로 2차 대비 학원을 등록했다. 주말반에 등록하자마자 어머니에게 전화가 왔다. "정윤아! 둘째 아이 돌잔치는 어디서 할 거니?" 어느덧 한국에 온 지 1년이 다 돼 귀국 직전에 태어난 둘째 아이의 돌잔치를 할 때가 된 것이다.

"어머니! 저는 돌잔치 못가요. 주말반에 등록했어요. 올해 꼭 2차 붙겠습니다. 신림동에서 1년 더 공부할 수는 없잖아요."

하지만 아빠가 불참하는 돌잔치를 할 수는 없다는 어머니의 결정에 결국 돌잔치는 못하게 되었고 나는 돌잔치를 열지 않은 나쁜 세무사 아빠가 되었다. 그래도 큰아이는 뉴욕대 스턴(NYU Stern School of Business)을 졸업했고, 둘째 아이는 아이비리그인 코넬에 입학하였으니 나쁘기만 한 아빠는 아니라는 생각도 든다. 늘 공부하는 아빠의 모습을 보여주었으니 말이다.

세무사가 되어 세무법인을 운영했다. 나는 사무실 내 방에서 주식투자를 했고 CFP(공인재무설계사) 자격증 시험도 준비해 합격했다. 그리고 주식투자와 함께 부동산투자도 내 무기로 만들어야겠다는 생각에 부동산 공부를 제대로 하고자 우리나라 최고의 부동산 대학원에서 석사 학위를 취득했다.

나는 주식과 부동산을 제대로 공부했다. 그리고 CFP 자격증과 세무사 자격증도 있다. 그래서 부자에 관련된 모든 공부를 다 했다고 자부한다. 지식에 더해 실무경험까지 있으니, 아마 우리나라에 부자학과가 생긴다면 내가 초대 학과장쯤은 맡을 수 있지 않을까.

2017년, 샘표식품 지분공시를 하면서 '슈퍼개미'로 이름이 알려지게 되었다. 난 원래 주식투자로 20년 가까이 큰돈을 벌어왔고 늘 치열하고 독하게 열심히 살아왔다. 그런데 갑자기 '슈퍼개미'가 되면서 부모한테 물려받은 재산으로 주식투자를 했다는 둥 세무사라서 돈을 잘 번다는 둥 여러 말이 들려왔다. 나의 투자 과정을 모르는 사람들의 오해였다. 그래서 지금도 나는 더욱 열심히 '슈퍼개미'로서 살아가는지도 모른다. 그저 운 좋은 슈퍼개미가 아닌 노력하는 슈퍼개미로 인정받기 위해서 말이다.

슈퍼개미로 알려진 이후에 난 이 책을 포함해 네 권의 책을 썼다. 그리고 세 개의 회사를 운영하고 있으며 전업투자자 정도의 노력을 하며 주식투자를 계속하고 있다. 여러 플랫폼을 거쳐 지금은 유튜브 채널인 〈슈퍼개미 이세무사TV〉에서 20만 구독자들을 위해 열심히 주식투자 영상을 올리고 있다. 그리고 분기에 한 번 정도 '부자 학교'를 운영하고 있으며 매달 '성장주에 투자하라'라는 제목으로 오프라인 강연회를 하고 있다.

이런 모습을 보고 어떤 이들은 묻는다.

"부자가 왜 이렇게 열심히 살아요?"

나는 10여 년 전에 대장암 초기진단을 받은 적이 있다. 그때 병실에 누워서 많은 생각을 했다. 건강을 회복하고 어떻게 살 것인가? 무엇을 하며 살 것인가? 둘 중의 하나였다. 남은 인생 열심히 놀면서 살든지 아니면 열심히 일하면서 살든지 말이다. 그때 결심했다. 평생 주식투자를 하면서 다른 사람이 이룬 기업의 주식을 사고팔았으니, 죽기 전에 내가 만든 기업을 상장시키고 싶다는 꿈을 가졌다.

슈퍼개미가 된 나의 꿈은 내가 운영하는 회사를 상장시키는 것이다.

나는 라인홀드 니버(Reinhold Niebuhr)의 기도문을 좋아한다.

> "신이여, 제가 바꿀 수 없는 것들을 받아들일 수 있는 평온함을, 제가 바꿀 수 있는 것들을 변화시킬 수 있는 용기를, 그리고 그 차이를 분간할 수 있는 지혜를 허락해 주소서."

이 얼마나 멋진 말인가! 20년 전 처음 주식을 시작하면서 '아무도 믿지 마라.'와 '이것 또한 지나가리라.'라는 문구를 책상에 붙였다. 그런데 몇 년 전 니버의 기도문을 본 순간부터 책상 위 문구를 바꿨다.

주식투자를 하다 보면 지금 당장 바꿀 수 없는 일로 괜한 시간 낭비와 감정 손실을 할 때가 많다. 그런데 니버의 기도문처럼 그러한 것들을 받아들일 수 있는 평온함과 바꿀 수 있는 것들을 변화시킬 수 있는 용기 그리고 그 차이를 분간할 수 있는 지혜가 있다면 더 빨리 성공투자를 경험할 수 있을 것이다.

독자분들의 성공투자를 위해서 이 책의 성장주 투자법이 많은 도움이 되기를 바란다. 자! 이제 성공투자의 꿈, 나아가 부자의 꿈을 위해서 공부 시작!

투자는 선택이
아니라 필수

▶ 투자는 내 돈을
지키기 위한 수단

부자가 되기 위해서는 순소득과 투자수익을 동시에 올리기 위해 노력해야 한다. 순소득을 높이기 위해서는 지출을 합리적으로 통제하여 줄여나가면서 수입을 다양화시키고 높여야 한다. 그렇다면 투자수익률을 높이기 위해서는 어떻게 해야 할까? 투자를 잘하기 위해서는 우선 투자에 대한 지식과 경험을 쌓아야 한다. 특히 이제 막 투자를 시작한 초보자라면 가장 먼저 '투자는 선택이 아니라 필수!'라는 생각을 갖춰야 한다.

우리 주변에는 아직도 은행에 돈을 안전하게 넣어놓는 게 가장 좋다고 생각하는 이들이 많다. 물론 은행에 저축하게 된다면 어떤 투자대상보다도 안전성은 보장되지만, 결코 투자수익률을 높일 수 없다는 점을 명심해야 한다. 그리고 투자를 하면 힘들게 번 돈을 다 잃는다고 생각을 하는 이들도 적잖이 볼 수 있다. 심지어 이들 중에는 부동산투자와 주식투자를 '도박'이라 여기는 경우도 많다. 자본주의 시대를 살아가면서 아직도 이러한 잘못된 고정관념에 갇혀 사는 사람이 있다는 것이 놀라울 따름이다.

오래전부터 우리 사회에는 '불로소득이 근로소득보다 나쁘다.'라는 인식이 자리 잡혀있었다. 물론 땀 흘리고 힘들게 일을 해서 번 돈이 더 값질 수 있지만, 노동하지 않고 번 불로소득, 특히 부동산투자나 주식투자로 얻은 투자차익이나 부동산임대소득, 주식배당소득 등이 나쁘다고만은 할 수 없다. 엄밀히 따지면 주식투자와 부동산투자에도 투자자의 시간과 노력이 들어가기 때문이다.

나 역시 주식투자를 20년 이상 해오면서 쉽게 버는 돈은 없다는 것을 늘 느낀다. 따라서 노동하지 않고 번 소득이라는 의미의 '불로소득'보다 '자산소득'이나 '투자소득'이라고 부르면 더 좋지 않을까 하는 생각이 든다.

물론 투자수익률을 높여 부자가 되는 것은 선택이지 필수는 아니다. 하지만 적어도 부자의 꿈을 꾸고 성공투자자가 되기 위해서 이 책을 읽고 있는 사람에게 당부하자면 '투자는 선택이 아닌 필수'다. 투자는 소득을 불려 부자가 되기 위한 수단인 동시에 돈의 가치를 지켜내는 수단이기 때문이다.

특히 과거에는 은행만 이용해도 인플레이션의 위험에서 돈의 가치를 지킬 수 있었지만, 지금 같은 저금리 시대에서 은행의 역할은 금고나 다를 바 없어졌다. 최근에는 시중금리가 제로금리에 가까워지면서 더는 투자 없이 부자 되기를 꿈조차 꿀 수 없게 되었다. 한 마디로 투자를 하지 않고 있다면 지금 이 책을 읽고 있는 시간에도 당신이 소유한 돈의 가치는 시간이 흐를수록 떨어지고 있다는 것이다.

▶ 투자는 은퇴 이후의 삶을 보장한다!

꽤 오래전부터 '저금리 시대'라는 말이 나왔다. 이미 수십 년 전부터 금리는 시간이 지날수록 꾸준히 내려가고 있었다. 높은 경제성장을 이루어냈던 1970~1980년대에는 경제성장률과 물가상승률이 워낙 높은 시기였기에 은행 금리 역시 10% 이상이 보장됐다.

그 당시에는 퇴직금으로 치킨 장사를 하지 않고, 은행에 넣어두기만 해도 한 달 이자로 생활할 수 있었다. 게다가 그 무렵에는 다른 노력 없이 근로소득만 있다면 충분히 살만했기 때문에 한 회사를 열심히 다녀서 퇴직금을 받은 뒤 은행에 넣어두는 것만으로도 노후가 보장됐다.

소위 말해 스펙을 늘리기 위한 이직도, 노후보장을 위한 준비도, 원금이 보장되지 않는 투자도 필요 없는 시기였다고 할 수 있다. 이러한 시대적 배경 때문에 당시에는 투자자를 투기꾼이라 표현했는지도 모른다.

그러나 이제 현행 은행 금리는 1%대를 기록하고 있다. 이러한 이유로 더는 목돈을 은행에 저축하려는 사람이 많지 않다. 은행도 이를 알기 때문에 예금 상품을 추천하기보다는 ELS, ELD, ELF 등의 고금리상품 판매에 집중한다. 그러나 '고위험 고수익'이라는 말이 있다. 고금리상품은 그만큼의 위험을 감수해야 한다. 그렇다면 그런 위험을 감수하면서까지 수익을 추구하기보다는 투자 공부를 해서 제대로 된 투자를 시작하는 편이 낫지 않을까?

저금리 시대와 더불어 우리가 꼭 기억해야 할 단어는 바로 '백세시대'이다. 우리의 평균 수명은 점점 높아지고 있으며 이제는 사람이 백 세까지 사는 시대다. 예전에는 '장수 만세'라는 말이 있었다면 이제는 '장수 리스크'라는 말이 있다. 오래 살면 만세를 부를 일이 아니라 그만큼 위험이 커진다는 이야기다. 리스크의 대표적인 것이 바로 노후 생활을 이어갈 자금 부족 현상이다. 수명은 갈수록 늘어나지만, 퇴직 시기는 여전히 평균 55세 전후로 전과 다름없이 그대로이기 때문이다.

이처럼 퇴직 이후의 삶이 길어지는 지금, 근로소득보다 불로소득(투자소득)이 중요하다. 급여로 받는 연봉보다 임대소득, 배당소득, 이자소득, 투자차익 등 투자로 얻는 연봉이 필요한 것이다. 왜냐하면, 근로자 연봉은 퇴직 전까지 나오지만, 투자자로서 얻는 연봉은 죽기 직전까지 나오기 때문이다. 긴 여생의 행복한 노후를 위해서라도 투자는 선택이 아니라 필수다.

▶ 투자의 유일한 목적은 이익추구

그렇다면 선택이 아닌 필수인 '투자'는 도대체 어떻게 해야 할까? 우선 투자의 목적을 분명히 하는 것이 중요하다. 투자의 목적은 첫째도 이익, 둘째도 이익, 셋째도 이익이다. 이익을 내기 위해서는 투자수익이 발생할 것인지를 여러 각도에서 검토하면서 냉정하고 합리적인 판단을 해야 한다. 그런데 매우 비합리적인 이유로 투자를 하는 경우가 많다. 따라서 내가 지금 하고 있는 것이 투자인지 아닌지를 반드시 명확하게 구분할 필요가 있다.

A 씨는 지인의 권유로 상장주식을 샀다. 투자가 뭔지도 모른 채 그저 지인의 말만 믿고 주식투자를 시작한 것이다. 이런 경우 A 씨는 이익보다는 인간관계 때문에 투자했다고 보는 편이 옳다. 또는

막연한 주식투자수익에 대한 욕심을 투자로 착각하고 있는 것이다.

B 씨는 강이 보이는 전원주택에서 살고 싶었다. 그래서 큰돈을 들여 전원주택을 구입해 살고 있지만, 강남 아파트에 비해 집값이 오르지 않는다며 불평을 한다. 이런 경우 B 씨는 이익보다 사용 목적으로 돈을 지출한 것이다. 물론 집값이 올라 이익이 날 수도 있겠지만, 그렇다 한들 그건 원래의 목적이 아니므로 그저 운이 좋았던 것에 불과하다. 따라서 B 씨의 경우 집값이 오르지 않더라도 슬퍼할 자격이 없다.

다음으로 자신이 일하는 회사의 우리사주를 대출을 받아서 산 C 씨를 살펴보자. C 씨의 경우 사실 이익의 추구가 아니라, 직원으로서 회사 눈치를 보며 마지못해 투자한 것에 가깝다. 회사 직원이 아니었다면, 굳이 회사에서 해주는 대출까지 받아가며 우리사주에 투자할 필요가 없으니 말이다.

심지어 명품시계나 명품가방, 나아가서 슈퍼카를 투자 목적으로 샀다고 하는 이들을 볼 수 있다. 하지만 그들의 공통점은 투자를 위해 해당 물건을 샀다기보다 그것을 소유하고 싶은 욕심이 매우 크다고 볼 수 있다.

성공한 투자자들이 명품시계, 명품가방, 슈퍼카에 투자했다는 소리를 들어본 적이 단 한 번도 없다. 그러한 것들보다 훨씬 좋은 투자대상이 차고 넘치기 때문일 것이다. 고작 성공을 명품 몇 개로 보여주고 싶어하는 사람들이 단지 명품을 갖고 싶은 욕구로 비합리적인 소비를 한 것을 투자로 포장하며 자기 위안을 하는 것일 뿐이다. 이렇듯 소비와 투자는 정반대 개념이며 명확히 구분되어야 한다.

앞서 이야기한 예처럼 인간관계, 사용 목적, 회사 눈치, 소유욕을 위한 투자는 올바른 투자가 아니다. 또한, 그런 경우엔 투자의 목적이 잘못됐기 때문에 성공할 확률도 매우 낮다. 구해야 얻을 수 있는 것처럼 이익추구를 목적으로 투자를 해야 이익을 얻는다. 너무 당연하지 않은가. 따라서 투자를 시작하기 전에 반드시 투자의 목적이 '이익추구'라는 것을 명심해야 한다.

▶ 투자는 철저히 준비하고 천천히 시작하는 것

'무식하면 용감하다'라는 말이 있다. 주변 투자자들을 보면 초보 투자자일수록 너무나 용감한 투자를 하는 경향이 있다. 전문투자자들은 투자를 결정하기 위해 많은 변수와 상황을 검토한 뒤 신중하게 결정을 내린다. 그러나 대다수의 초보 투자자는 아무 생각 없이 투자를 결정한다 싶을 정도로 너무나도 용감하게 빠른 결정을 내린다. 아마도 투자를 검토할 지식과 경험이 부족해서 일수도 있겠지만 빨리 투자에 성공해 지금 당장 부자가 되고 싶은 욕심이 앞서고 있기 때문일 수도 있다.

게다가 초심자의 행운까지 얻은 초보 투자자라면 마치 걷지도 못하는 아기가 뛰려고 하는 모습으로 투자를 계속하게 된다. 하지만 그렇게 한들 하루아침에 성공한 투자자가 될 수는 없다. 인생이 길어진 만큼 투자 인생도 그만큼 길어졌으니 조금 여유를 가졌으면 좋겠다. 긴 여정을 올바르게 뛰어가기 위해서는 걸음마부터 확실히 배워야 하듯이, 성공투자자가 되기 위해서는 투자의 기본부터 튼튼히 해야 한다.

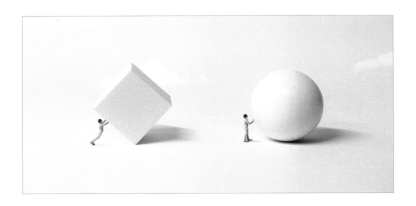

성공한 투자자로서 주변에서 많이 듣는 말 중의 하나가 "좋은 종목 하나 추천해주세요"다. 그런 질문을 하는 대다수 투자자는 초보 투자자다. 한 마리의 물고기와 좋은 그물 중에 무엇이 더 중요한지 묻는다면 답이 뻔한 것처럼 '좋은 종목을 선정하는 방법'에 관

해 묻는 것이 슈퍼개미에게 할 수 있는 가장 좋은 질문이다. 즉, 우선 투자가 무엇인지 하나하나 공부해 본 후에 무엇에 투자할지, 어떻게 투자할지를 고민하는 것이 올바른 순서라는 것이다.

많은 투자자가 이런 아쉬움을 토로한다.

"투자 초기에는 돈은 많지만 실력이 없고, 투자를 할수록 실력은 늘지만 돈이 없어요."

꼭 기억하자. 나의 소중한 시드머니를 투자실력이 가장 형편없는 시기에 다 날리고 싶은가? 그런 게 아니라면, 투자 준비를 철저히 하면서 천천히 투자원금을 늘려도 전혀 늦지 않다. 우리의 투자 인생은 평균 수명을 따라 길어지고 있기 때문이다.

3장

성공투자를 위해 알아야 할 기본개념

▶ 가치투자와 가격매매

투자의 기본 중에서도 투자와 매매의 차이를 구분하는 것은 매우 중요하다. 투자란, 투자대상의 가치변화를 예상하고 가치증가에 따른 이익추구를 목적으로 한다. 반면 매매는 매매대상의 가격변화를 예상하고 가격상승에 따른 이익추구를 목적으로 한다.

투자에서는 장기간에 걸쳐서 변화하는 가치가 중요하고, 매매에서는 단기간에 변동하는 가격이 중요하다. 이 두 가지를 구분하는 것은 투자수익률을 높이는 데 있어서 매우 중요하기 때문에 반드시 정확하게 이해하고 있어야 한다. 실제로 많은 투자자가 투자와 매매를 바르게 이해하지 못해 투자에 실패한다.

투자와 매매 모두 이익을 추구한다는 점에서 목적은 같다. 그러나 투자는 가치가 증가하는 것에 중점을 둔 행위이고, 매매는 가격이 상승하는 것에 중점을 둔 행위다. 그렇다면 '투자대상의 가치'와 '매매대상의 가격'은 어떻게 다를까?

'투자대상의 가치'란 장래 기대되는 미래이익의 현금흐름을 이자율로 할인하여 현재가치로 평가한 것이고 '매매대상의 가격'은 매매당사자 간 교환의 대가로 시장에서 지불된 금액을 말한다.

가치는 인위적인 방법에 따라 평가하는 주체가 주관적으로 적정가치를 평가하는 것이고, 가격은 시장에서 수요공급의 법칙에 따라 객관적으로 결정되는 것이다. 따라서 가격과 가치는 일시적으로 오차가 발생하면서 괴리가 발생할 수 있지만, 장기적으로 볼 때 가격과 가치는 일치하려는 경향이 있다.

투자자는 투자대상의 가치가 높아지기를 기대하면서 투자하고 매매자는 매매대상의 가격이 높아지기를 기대하면서 매매한다. 가치투자는 장기간의 가치변동에 투자하므로 '장기가치투자'라 하고, 가격매매는 단기간의 가격변동을 이용하므로 '단기가격매매'라고 한다.

가격매매는 시장에서 부여하는 가격을 통해 수익을 추구하므로 가격을 분석하는 것 이외에는 할 수 있는 것이 없지만 가치투자는 다르다. 가치투자의 경우 투자자는 투자대상의 가치를 높이기 위해서 자금투자뿐 아니라 실제 행동으로 가치의 증가에 기여할 수 있다.

부동산투자에서 땅의 용도를 변경한 후에 건물을 지어 양도하는 것은 단순 매매가 아니라 투자인 것처럼 주식투자에서 내가 가지고 있는 회사의 주주총회에 참가해서 회사발전을 위한 주주제안을 하는 것 역시 회사의 가치를 증가시키는 투자행위 중 하나다.

이렇듯 투자자는 능동적으로 투자대상의 가치를 높일 수 있지만, 매매자는 매매대상의 가격이 시장에서 결정되기 때문에 수동적으로 매매대상의 가격이 높아지기만을 기다려야 한다.

그렇다면 가치의 증가와 가격의 상승은 어떤 요인에 의해 일어날까? 가치의 증가는 투입대비 산출이 높은 투자대상이 지속적인 초과이익을 냈을 때 일어난다. 반면 가격의 상승은 시장에서 공급보다 수요가 큰 초과수요 상황에서 일어난다.

이런 이유로 가치투자는 투자대상에 관심을 가져야 하고, 가격매매는 시장에 관심을 가져야 한다. 이는 주식시장이나 부동산시장 참여자들 모두에게 해당한다. 따라서 투자자는 투자와 매매에 대해 이해하고, 자신의 스타일에 맞는 전략을 세워야 한다.

▶ '하이리스크 하이리턴'은
불변의 진리

　우리나라에는 학교에 입학하거나 졸업을 하는 날 그리고 이사
를 하는 날에는 짜장면을 먹는 문화가 있다. 정확한 이유는 알 수
없지만, 가성비가 좋은 음식이어서가 아닐까 하는 생각을 한다. 물
론 입학식이나 졸업식 같은 특별한 날이 아니어도 우리나라 사람
들은 짜장면을 자주 먹는다. 그렇다고 우리나라 국민이 모두 짜장
면을 좋아하는 것은 아니다. 이런저런 이유로 짜장면을 싫어하는
이들이 있다. 이처럼 음식에 대한 취향이 다양하듯이 투자 위험에
대한 사람들의 태도 역시 다양하다.

　투자 위험에 대한 투자자들의 태도는 크게 위험선호형, 위험회
피형, 위험중립형 이렇게 총 세 종류로 나눌 수 있다. 위험선호형은
말 그대로 위험을 선호하는 태도다. 반대로 위험회피형은 위험을
회피하는 경향이 큰 투자 태도고 위험중립형은 위험선호형과 위
험회피형의 중간이다. 합리적 투자자는 위험을 싫어하는 위험회피
형이라 할 수 있다. 그래서 위험한 투자대상에는 위험 프리미엄이
붙기 때문에 수익률이 높다. 이것을 '하이리스크, 하이리턴'이라고
한다.

　위험과 기대수익률은 정의 상관관계에 있다. 즉 기대수익률이

높으면 위험이 크고 반대로 위험이 적으면 기대수익률이 낮다. 따라서 개인들은 자신의 위험에 대한 태도에 따라 기대수익률을 결정해야 한다. '안전제일주의' 타입은 저수익에 만족한다고 볼 수 있다. 반면 '못 먹어도 고' 타입은 고수익을 추구해야 한다는 뜻이다. '저위험 고수익'인 투자대상은 이 세상에 없기 때문이다.

위험을 낮추는 방법의 하나는 투자대상을 하나가 아닌 여러 개로 설정해 위험을 낮추는 것이다. 이러한 효과를 포트폴리오 분산효과라고 부른다. 이론적으로 서로 다른 가격움직임을 보이는 투자대상에 각각 투자하면 회피가 가능한 위험인 비체계적인 위험을 줄일 수 있다. 시장 전체의 위험인 체계적 위험을 줄일 수는 없지만, 포트폴리오 구성을 이용하여 비체계적인 위험을 줄여나가는 것이 수익을 유지하면서 위험을 낮추는 방법이다.

주식투자의 경우 종목을 구성할 때 업종이나 테마별로 분산투자가 가능하고, 부동산의 경우 주택, 토지, 상가 등으로 분산투자가 가능하다. 단, 이때 포트폴리오를 구성할 경우 투자 비중을 고려해야 한다.

투자 비중에 대한 정해진 원칙이 있는 것은 아니다. 투자자 주관으로 정하면 되지만 나는 개인적으로 초보자일수록 같은 투자 비중을 추천한다. 초보 투자자 시기에는 스스로 판단하여 확신을 가지고 가중치를 부여한다면 결과적으로 틀릴 확률이 높기 때문이다. 처음에는 동일한 비중으로 투자를 하다가 투자실력이 늘어나면 자신의 판단에 따라 가중치를 다르게 하는 것이 좋다. 그런데 모순적이게도 초보자일수록 가중치를 부여하려 하고, 투자실력이 늘어날수록 동일한 투자 비중을 선호한다.

투자대상의 분산투자도 있지만, 투자 시기의 분산투자도 있다. 펀드 투자방식의 정액 투자라고 하는데, 시기에 따라 다른 매입 단가로 투자가 평준화되어 '코스트 애버리지(Cost Average) 효과'를 누릴 수 있다.

이 방법은 특히 기간이 장기적일수록 효과가 높은데 단기의 가격 변동성을 최소화하는 효과가 나오기 때문이다. 젊은 투자자들은 목돈이 마련되어 있지 않은 경우 투자를 미루는 경우가 많다.

하지만 매달 소액이라도 정액 투자를 하다 보면 은행 금리 이상의 수익률도 얻고, 재테크 실력도 늘어나는 '일석이조'의 효과를 누릴 수 있다. 이것이 목돈이 모이는 것만 기다리지 말고 하루라도 빨리 투자를 시작해야 하는 이유다.

▶ 주식시장은
경기의 선행지표

투자에 성공하기 위해서 경제학에 대한 지식과 이해는 필수다. 경기가 호황인지 불황인지, 금리를 인상하는지 인하하는지, 환율은 높은지 낮은지 등 경제와 관련된 모든 내용이 투자 결정에서 매우 중요한 변수이기 때문이다. 이러한 경제지표는 매일 경제신문을 장식하고 있다. 주식시장은 경기의 선행지표라는 말이 있을 정도로 경제와 투자는 밀접한 관련이 있다.

요즘은 투자를 판단하는 데 있어서 특히 글로벌 경제지표들에 대한 분석이 더욱 중요해지고 있다. 점점 경제의 글로벌화가 심화되고 있고, 이에 발맞추어 투자자들의 해외투자 비중이 점점 커지고 있기 때문이다.

이제는 중국, 베트남 등 아시아 국가의 부동산투자에서 미국과 유럽까지 해외 부동산 투자가 확대되고 있다. 강남 부자들을 중심으로 중국과 미국의 주식투자 비중이 늘어나더니 2020년에는 '동학개미'와 함께 '서학개미'라는 용어가 생겨났고, 2021년에는 주식투자자들의 미국주식 투자 비중이 급속도로 늘어났다.

해외투자 비중이 높은 투자자들에게 글로벌 경제지표는 투자성과에 직접적인 영향을 미치는 변수이므로 당연히 중요하다. 그렇지만 글로벌 경제지표는 해외투자를 하지 않는 투자자에게도 중요하다. 미국 주식시장이 한국 주식시장에 영향을 미칠 뿐 아니라 미국 부동산시장이 한국 부동산시장에 영향을 미치는 시대이기 때문이다. 따라서 국내투자만 하는 투자자일지라도 글로벌 경제지표에 관심을 가져야 한다.

투자에 영향을 미치는 변수가 경제지표라면, 경제지표는 무엇에 영향을 받을까? 경제지표의 경우 경기의 큰 사이클에 영향을 받을 수도 있고, 국제정세에 영향을 받을 수도 있다. 또는 한 나라의 경제지표들은 정부의 정책에 큰 영향을 받는다. 사회, 복지, 교육, 문화 등 여러 분야에 정부의 역할이 중요한 것처럼 경제도 정부의 기능이 매우 중요하다. 이는 우리가 열심히 선거에 참여해서 소중한 한 표를 행사해야 하는 또 다른 이유이기도 하다.

정부의 경제정책으로는 정부지출, 조세수입 등을 조절하는 재정정책과 금리와 통화량을 조절하는 금융정책이 있다. 재정정책과 금융정책 모두 경기호황과 경기불황을 조절하는 정책이다.

그중에서도 투자자들에게 더욱 중요한 정책들은 투자 환경에 직접적인 영향을 미치는 정책들이다. 최근의 사례로는 부동산시장에서 종합부동산세나 양도소득세를 통하여 부동산 가격 형성에 개입한다든지, 주식시장에서 공매도를 한시적으로 금지하거나 주식 양도소득세를 강화하는 정책들이 있다. 어떤 정책은 투자 환경에 긍정적인 재료가 되기도 하고, 어떤 정책은 악재로서 역할을 해 투자자들의 저항을 받기도 한다. 따라서 투자자라면 정부 정책에 대해서 주의 깊게 살펴볼 필요가 있다.

▶ 투자대상을 선택하고 집중하라

투자대상을 선정할 때 중요한 판단 기준으로 수익성, 안정성, 유동성이 있는데 이 세 가지를 묶어 투자의 3원칙이라고 한다. 그렇다면 투자의 3원칙에 가장 적합한 투자대상은 무엇일까? 베스트셀러나 천만 영화가 사랑받는 이유가 다수의 입맛에 맞기 때문이라고 한다면 전 세계 투자자금의 투자 비중을 생각해 보면 된다. 이를 살펴보면 주식, 채권, 부동산이 투자 3인방이라고 할 수 있다. 이

세 가지 투자대상을 각각 3원칙에 대입해보면 채권의 경우 안정성과 유동성은 높지만, 수익성이 다소 떨어진다. 주식은 수익성과 유동성이 높지만, 안정성이 떨어진다. 마지막으로 부동산은 수익성과 안정성은 높지만, 유동성이 떨어진다는 특징이 있다.

우리나라 국민의 투자 비중을 살펴보면 부동산이 가장 높고, 다음으로 주식, 채권 순서다. 이는 여타의 선진국과 조금 다른 모습이다. 또한, 기관 투자자를 제외하고 개인투자자만 놓고 봤을 때, 가장 중요한 투자대상은 부동산과 주식이다. 특히 과거에는 전통적으로 부동산투자 비중이 매우 높았다면 최근 들어서는 주식투자 비중이 점점 높아지고 있다. 심지어는 국내 주식투자뿐만 아니라 해외 주식투자 비중도 높아지고 있다.

부동산투자의 시작은 내 집 마련이라 할 수 있다. 과거에는 은행에 저축해서 목돈을 마련한 후 대출을 받아 내 집 마련의 꿈을 이루었기에 부동산투자 비중이 절대적으로 높았다. 그러나 요즘은 은행에 저축해서 목돈을 만들기보다 주식투자로 목돈을 마련하고자 하는 젊은이들이 증가했기 때문에 주식투자 비중이 점점 높아지고 있다. 사실 부동산투자의 출발점이 내 집 마련의 니즈에서 비롯된다는 것은 어찌 보면 너무 당연한 세상 이치일지도 모른다. 사람들은 바라는 것을 얻고, 경험한 것을 믿으니 말이다. 전 국민이 내 집 마련을 꿈꾸고, 내 집을 마련하고, 집값이 오르는 경험을 했다는 것이 부동산 불패신화를 이루어냈다고 해도 과언이 아니다. 투자대상의 가격상승에는 상승에 대한 기대감이 매우 크게 좌우하기 때문이다.

물론 부동산과 주식 이외에도 수많은 투자대상이 있다. 여러 금융회사의 금융상품, 금 등의 실물투자, 비트코인 등 가상화폐, 달러를 포함한 외환 등, 다양한 투자대상이 있지만, 우리의 투자자금과 연구시간은 유한하므로 가장 중요한 투자 대상인 부동산과 주식에 집중하기 바란다. 다시 한번 말하지만 '선택과 집중'은 인생의 진리기도 하지만 투자세계의 진리임을 명심하길 바란다.

나 역시 '선택과 집중'을 하며 여러 투자대상 중 부동산과 주식에 집중해서 공부해왔다. 주식투자는 20년 이상 실전투자와 함께 계속 공부하고 있으며 부동산투자 역시 우리나라 최고의 대학원에서 글로벌 부동산 전공을 하면서 공부했다. 이 책에서는 둘 중에 보다 더 자신 있는 주식투자 특히 그중에서도 성장주 투자에 대해서 다루고 있다. 다음에 부동산투자 관련 책을 쓰게 될 기회가 생긴다면 내가 생각하는 부동산투자 성공법에 대해서도 독자 여러분에게 정리해드릴 예정이다.

주식투자에 성공하면
벌어지는 일들

▶ 주식투자와
사랑에 빠져라!

사전적 의미로 취미란 즐거움을 얻기 위해 하는 일이고, 특기란 남이 가지지 못한 특별한 기술이나 기능을 의미한다. 그리고 직업이란 생계를 유지하기 위하여 계속하여 종사하는 일을 뜻한다. 즉, 취미는 하고 싶어서 하는 일, 특기는 잘하는 일, 직업은 돈을 벌기 위해서 해야 하는 일이라는 것이다.

우리 주변을 살펴보면 일이 즐겁고 직업으로 인해 행복한 사람보다 어쩔 수 없이 억지로 일을 하며 스스로 불행한 직업을 가졌다고 생각하는 사람이 많다. 하고 싶지 않은 일이 직업이라면 일을 하는 것 자체가 괴롭고 지루할 수밖에 없다. 더 나아가 잘 못 하는 일이 직업이라면 돈을 벌기는커녕 매일 생활고에 시달릴 것이다.

물론 이런 것들이 두렵다고 직업선택을 하지 않을 수는 없다. 직업은 최소한의 돈을 벌 수 있는 수단이기 때문에 자본주의 사회에서는 직업 없이 결코 생활을 이어나갈 수가 없다. 물론 본인이 금수저라면 이야기가 달라지겠지만 말이다.

그렇다면 반대로 내가 좋아하는 취미나 잘하는 특기가 직업이 된다면 어떨까? 좋아하는 일이 직업이 되고, 더 나아가 잘하는 일이 돈을 버는 수단이라면 자연스럽게 돈은 따라올 것이고 행복감도 상승할 것이다. 이게 바로 내가 주식투자를 하는 이유다. 나에게 주식투자는 처음부터 지금까지 세상에서 가장 재미있는 일이었다. 주식투자를 막 시작한 초보 시절에는 주식시장이 열리지 않는 주말이 너무 싫었고 일요일 밤이 되면 설렘에 심장이 떨려왔다. 몇 시간 후면 너무나 재미있는 주식시장이 개장하기 때문이었다.

시장을 분석하고 매수 종목을 선정해서 수익이 났을 때 느낄 수 있는 짜릿함이 있다. 이는 세상 그 무엇과도 비교할 수 없다. 그래서 나는 이 세상에서 주식투자가 가장 재미있다고 자신 있게 말할 수 있다. 그리고 이 짜릿함을 더 자주 느끼기 위해 매일 증권사 리포트를 읽고 주식시장을 연구하고 최고의 종목을 선정하다 보니 재미있는 일을 잘하게 되었다.

그렇게 좋아하는 주식투자를 잘하게 되자 남들보다 빨리 큰돈을 벌게 되었다. 좋아하는 일이 잘하게 되고 심지어 큰돈까지 벌어다 주다니 세상에 이렇게 가슴 떨리고 신비한 일이 또 있을까? 이처럼 나에게 주식투자는 너무나도 행복한 일이다. 결국, 나에게는 주식투자가 취미고 특기면서 행복한 직업인 것이다.

하지만 모든 투자자가 나와 같은 것은 아니다. 마음속으로는 주식투자로 돈을 벌고 싶어 하지만 막상 주식투자를 잘하지 못하거나 심지어 좋아하지 않는 경우도 있다. 무엇이든 좋아해야 잘하게 되고, 잘해야 돈을 벌 수 있다. 그런데 주식투자로 돈만 벌고 싶어 하고 좋아하지 않으니 주식투자를 잘하지 못하고 돈도 벌지 못하는 상황으로 이어진다. 소위 말해 주식투자와 궁합이 안 맞는 것이다.

입버릇처럼 '본전만 찾으면 주식시장 떠나야지.' 하며 주식투자를 억지로 하는 투자자는 명심하길 바란다. 스스로 주식투자를 사랑해야 주식시장도 '나'를 사랑할 것이고, '나'에게 귀중한 수익을 줄 것이다.

▶ 성공투자자의 자유로운 생활

"당신은 자유로워질 수 있다. 늘 똑같은 업무에서 벗어나 아무에게도 간섭받지 않고 세계 어느 곳에서든 살면서 일할 수 있다. 이것이 성공한 투자자의 인생이다.” 미국의 투자자 알렉산더 엘더(Alexander Elder)가 쓴 《심리투자 법칙(Trading for a living)》에 등장하는 말이다.

이 얼마나 상상만으로도 멋진 말인가?

주식투자를 하면서 자유롭게 세계 어느 곳에서나 살 수 있다는 것은 내가 직접 경험해봤기 때문에 익히 잘 알고 있다. 나는 성공한 주식투자자로서 여행 다니는 것을 참 좋아했다. 노트북 하나만 있으면 어느 곳에서도 돈을 벌 수 있기 때문이다. 국내에서 가장 좋아했던 여행지는 제주도, 속초, 태백이다. 제주와 속초는 바다가 좋아서 다녔고 태백은 스키장과 카지노를 동시에 즐길 수 있어서 가곤 했다.

보통 주말을 이용해서 여행할 때가 많았지만 조금 길게 다닐 때는 노트북 두 대를 가지고 다니면서 주식투자에 지장이 없도록 했다. 그리고 일행과 함께하는 여행이더라도 평일에는 3시가 넘어야 여행에 합류하곤 했다. 시장의 변동성이 크지 않거나 단기매매 종목을 보유하지 않고 있는 경우에는 여유롭게 숙소 근처의 여행지 정도는 돌아다닐 수 있었다.

해외는 어땠을까? 국내보다 인터넷 속도가 열악해서 문제 될 때도 있었지만 인터넷이 되는 곳이라면 어디든 노트북 하나만 있으면 국내에서 투자하는 것과 다를 게 없는 환경이다. 주식투자로 돈을 크게 벌고 32살에 캐나다에서 약 2년 동안 거주했던 경험이 있다. 그 당시에도 캐나다 밴쿠버에서 한국 주식투자를 계속했다. 오히려 시차 덕분에 주식투자를 하기 좋았던 기억이 난다. 우리나라 주식시장이 열리는 시간대인 오전 9시에서 오후 3시가 밴쿠버에서는 오후 4시부터 밤 10시까지였기 때문이다.

그래서 낮에는 영어를 배우기 위해 학교를 열심히 다닐 수 있었다. 종종 학교에 가지 않을 때는 야외에서 골프나 테니스, 스케이팅 등 하고 싶은 운동을 마음껏 하고 맛있는 점심도 먹곤 했다. 그러다 한국 주식시장이 개장되는 오후 4시부터 밤 10시까지는 시장을 체크하고 매매를 하면서 하루를 마무리했다.

밴쿠버에서 지내는 동안 미국 서부 여행을 다녀오기도 했다. 약한 달 동안 시애틀, 샌프란시스코, 로스앤젤레스, 샌디에이고 등 서부 해안 도시를 중심으로 라스베이거스와 그랜드캐니언, 요세미티 국립공원까지 다 돌고 밴쿠버로 돌아오는 일정이었다.

이때도 역시 노트북을 챙겨갔다. 대부분 호텔에서 별도로 인터넷 사용료를 받았기에 돈을 아까워하며 주식투자를 했던 기억이 아직도 생생하다. 그래도 얼마나 즐거운 일인가. 미국 서부 여행을 하면서도 주식투자로 돈을 벌었으니 말이다. 물론 변동성이 심하거나 단기매매 종목을 보유하고 있을 때는 오후 4시부터 호텔 방에서 매매를 해야 했지만 말이다.

주변 지인 중에 스노보드를 너무 좋아해서 겨울에는 한국에서 여름에는 뉴질랜드에서 보드를 즐기는 이가 있다. 또 다른 지인은 노트북 하나만 챙겨서 1년 이상 세계여행을 다녀왔다고 한다. 이들 모두가 성공한 주식투자자다.

주식투자에는 사무실도 책상도 필요가 없다. 심지어 요즘은 핸드폰 기능이 좋아져서 스마트폰 하나만 가지고 있으면 세계 어느 곳에서든 여행을 즐기면서 주식투자를 할 수 있다.

더군다나 앞서 언급한 나의 이야기는 단기매매를 주로 하던 시절의 경험이었다. 그러나 만약 중장기투자를 한다면 시장이 열려있을 때 꼭 매일매일 장을 지켜볼 필요는 없기 때문에 내가 말한 경우보다 더 공간적 자유가 보장될 것이다. 그래서 금액이 커지거나 체력이 약해지는 나이가 오면 더욱더 중장기투자가 단기매매보다 유리하다. 특히 여행을 좋아한다면 더욱 그렇다는 것을 명심하자.

▶ 인간관계의 자유를 누릴 수 있다!

이러한 공간적 자유 외에도 주식투자를 20년 이상 성공적으로 해오면서 느낀 주식투자의 최대 장점은 바로 '인간관계의 자유'이다. 나 역시 직장생활을 해본 사람이고 현재 사업도 하고 있지만, 사회생활을 할 때 대부분 인간관계에서 비롯되는 문제들이 가장 힘들고 큰 스트레스임을 자주 느낀다. 이는 직장인 대부분이 공감하는 부분일 것이다.

일에서 오는 스트레스라면 일을 줄이거나 일을 더 완벽하게 수행함으로써 일정 부분 해결할 수 있지만, 사람과의 관계에서 오는 스트레스는 그 사람을 만나지 않는 것 외에는 딱히 해결 방법이 없다. 특히 직장을 선택할 때 업무와 급여는 딱 부러지게 정해지지만, 어떤 사람과 함께 일하게 될지는 사전에 알기 어렵다. 이러한 인간관계 문제는 원천적으로 봉쇄할 수 없을 뿐 아니라, 직장인 대부분의 퇴사 원인으로도 이어진다.

이는 일반 직장인만의 문제로 그치지 않고, 자영업자나 사업가에게도 동일하게 적용된다. 사업가의 경우 사업의 수익성이나 성장성보다 거래처나 직원관리에서 오는 스트레스가 더 크기 때문이다. 특히 거래처와의 인간관계 문제는 자칫 갑을 관계로 이어질 수 있다. 그렇게 되면 인간관계에 관한 문제가 스트레스를 넘어서 정신질환까지 유발할 수도 있다.

이러한 관계의 문제는 감정의 문제기 때문에 노력한다고 해서 완전히 해결되지 않는다. 게다가 노력이 쌍방이 아닐 경우 오히려 좋은 인간관계를 위해 노력할수록 자괴감이 들고 스트레스가 더 커지기도 한다. 그러나 인간관계가 필요 없는 직업은 거의 없다. 조직이 필요 없는 자유업종인 프리랜서나 운동선수, 연예인, 예술가일지라도 일을 하기 위해서는 분명 누군가의 도움, 즉 관계가 필요하기 때문이다.

그런데 유일하게 인간관계가 필요 없는 직업이 바로 주식투자자다. 주식투자는 컴퓨터 한 대만 있으면 된다. HTS를 설치하는 순간 보이지 않는 투자자들과의 경쟁이 있을 뿐, 주식투자를 위해서 어떠한 인간관계 형성도 필요 없다. 이러한 말을 하면 혹자는 이렇게 의문을 제기하기도 한다. "그렇지만 정보도 받아야 하고, 함께 주식투자를 하는 그룹도 형성해야 성공하는 거 아닌가요?" 내 대답은 단호하게 "NO!"다. 스스로 판단하고 스스로 행동하며 더 나아가 스스로 책임지는 성공 투자자가 되기 위해서는 나와 컴퓨터 한 대면 충분하다.

인간관계의 스트레스 때문에 지금 직업이 싫은 분들은 주식투자와 사랑에 빠지길 바란다. 주식투자를 사랑하면 잘하게 되고 잘하게 되면 돈을 벌게 되고, 돈을 벌게 되면 더는 싫은 사람과 어울리며 직업을 계속 유지할 필요가 없기 때문이다.

▶ 성장주 투자로 쉽게 큰돈 벌기

　세계 최고의 부자 중 한 명인 워런 버핏은 1930년생으로 우리 나이로 2022년 기준 93세다. 워런 버핏이야말로 백 세 시대를 살아 가는 우리에게 왜 주식투자를 해야 하는지를 몸소 보여주는 주식 투자계의 전설이라 할 수 있다. 꿈이 클수록 좋듯이 롤모델의 대상 도 엄청나고 대단할수록 좋다. 비단 워런 버핏뿐이겠는가? 국내에 도 천억 원 이상의 성공한 투자자, 수백억 원 이상의 성공 투자자가 꽤 많이 있다.

　주식투자를 오래 한 사람으로서 주식투자의 성공이 다른 분야 에서의 성공보다 어렵다고 말하고 싶지는 않다. 특히 노력 대비 산 출 측면에서 그렇다. 보통 주식투자자들의 노력이 그만큼 적다는 이야기이기도 하다. 주식투자자 중에 하루에 10시간 이상 공부하고 노력하는 사람이 몇 명이나 있을까. 하지만 웬만한 분야에서는 기 본 10시간 정도의 시간을 투입해야 하고, 15시간 이상씩 몇 년 동안 노력해야 하는 분야도 많다. 그런데 주식투자를 하는 사람 중에는 하루에 1시간도 노력하지 않는 사람이 많다.

　원금의 크기에 따라 다르겠지만 주식투자를 제대로만 한다면, 1년에 1억 원을 버는 것이 그리 어려운 일은 아니다. 직장인의 연봉이 1억 원이라면 굉장히 큰 금액이지만 주식투자자에게 연봉 1억 원은 상대적으로 큰 금액이 아니라는 말이다. 바로 이것이 사람들이 주식투자를 시작하는 이유이다.

이처럼 노력 대비 좀 더 쉽게 큰돈을 벌기 위해 많은 사람이 주식투자를 시작할 것이다. 하지만 많은 투자자가 어렵게 주식투자를 하고 있고 심지어 큰돈을 벌기는커녕 잃고 있다. 그리고 결국 이들은 "이따위 주식투자를 왜 하는 걸까?", "본전만 찾으면 그만해야지!"라고 투덜대며 실패한 투자자로 시장에서 퇴출당한다.

하루에 10시간 이상 매일 공부하면서 어렵게 주식투자를 하고 싶지 않거나 은행이자율인 연간수익률 1% 정도에 만족하기 싫다면, 지금부터 진짜 집중해야 한다. 내가 제시하는 성장주 투자법을 통해서 쉽게 본전 찾고 큰돈 벌고 싶으면 말이다.

성공투자를 위한 여러 가지 기법

▶ Leading 당할 것인가?
Reading 할 것인가!

주식을 하다 보면 누구나 한 번쯤 이런 생각을 할 것이다. '이 세상에 주식투자 성공 비법이란 게 있을까?' 미리 답을 말하자면 없다. '비법'이라는 단어의 사전적 정의는 '공개하지 않고 비밀리에 하는 방법'이다. 정의대로라면 비법이란 알려지지는 않았지만, 누군가는 비밀리에 이 비법으로 어제도 오늘도 내일도 대박을 치면서 큰돈을 벌고 있을 것이다.

여기서부터 투자자들의 '비법 찾기'가 시작된다. 알려지지 않은 비법을 반드시 찾아내겠다는 신념 하나로 서울, 대전, 대구, 부산, 광주를 찍고 용하다는 도사들이 모여 산다고 알려진 계룡산까지 찾아간다. 유머로 이야기하는 것이 아니라 실제로 이런 투자자가 있다. 심지어 굉장히 많다.

당장 나의 지인만 해도 전국 고수들에게 낸 과외비만 수천만 원이며, 종목 발굴 프로그램만 세 개를 가진 상태라고 한다. 그래서 그분이 수익을 냈을까? 간단하게 대답하자면 '그래서 무슨 수익을 냈겠냐고!'라 할 수 있다.

좀 더 현실적인 이야기를 하면 이해가 빠를 것이다. 투자자들은 유튜브, 카페, 블로그 등 여러 플랫폼의 채널에서 '주식고수'를 찾아 나선다. 사실 투자자들이 찾는 주식고수는 정확히 표현하면 오르는 종목을 예측한 사람이다.

과연 찾을 수 있을까? 없다. 처음에는 찾았다고 오해할 수는 있다. 왜냐하면, 어차피 종목은 상승 아니면 하락인지라, 첫 종목에서 1/2의 확률로 그 운영자는 고수로 인정받을 수 있다. 그다음 종목은 1/4의 확률, 그다음 종목은 1/8의 확률로 고수에서 탈락할 확률이 점점 높아지지만 말이다.

어림잡아 천 명 이상의 주식투자 콘텐트 제공자들이 있을 테니, 이들 중 10명 정도는 고수로 입소문이 날수는 있다. 언젠가는 고수에서 하수로 전락할 운명이지만 말이다.

고수 찾기에서 한 걸음 더 나아가 다음 코스는 돈을 내고 주식투자를 배우는 단계다. 사실 정확히 말하면 주식투자를 배우는 것이 아니고, '○○ 종목을 얼마에 사서, 얼마에 파세요.'라는 말을 그대로 따르는 아바타 행위를 돈 주고 하고 있다. 그것도 꽤나 비싼 리딩 비용을 내면서 말이다.

이러한 행위는 주식투자 실력이 늘 것인가의 관점에서 본다면 가장 해서는 안 되는 행위라고 할 수 있다. 주식 콘텐트를 읽거나 보는 것이 아닌 단지 종목을 얼마에 사서 얼마에 팔라는 지령(?)을 받아 그대로 따른다면 나의 주식 실력증가에 전혀 도움이 되지 않는다. 주식투자에 성공하고 싶다면 'Leading' 당하지 말고 시장을 'Reading' 해야 한다.

그렇다면 주식투자를 막 시작한 주린이들은 누구를 의지하고 어떤 공부를 어떻게 해야 할까? 가장 먼저 증권사 리포트를 매일 읽는 연습을 하는 것을 추천한다. 그리고 틈나는 대로 주식투자 서적을 읽는다면 앞서 이야기한 고수 찾기나 아바타 되기와는 비교 불가한 최고의 공부가 될 것이다.

예전에 언론사와 인터뷰를 할 때, "처음에 주식투자 공부를 어떻게 했죠?"라는 질문을 받은 적이 있다. 나는 주식투자를 처음 시작했을 때 종이로 된 증권사 리포트를 매일 읽으면서 공부를 했다. 그리고 나의 서재에는 수백 권의 주식투자 책이 채워져 있다.

물론 지금은 이렇게 한다고 주식투자에 성공할 수 있을까라는 의문이 드는 분들이 훨씬 많을 것이다. 하지만 증권사 리포트를 1년 동안 매일 보고 주식투자 서적 100권만 읽는다면 그 이후부터는 주식투자 공부를 어떻게 해야 하는지에 대한 궁금증이 사라질 것이다.

이렇게 주식투자 공부가 어렵다고 말하고 글을 끝낸다면 주식투자로 부자가 되겠다는 꿈을 너무 짓밟는 것은 아닐까하는 생각이 든다. 그래서 비법은 아니지만 적어도 성공투자자가 될 확률이 높아지는 8단계를 간단히 정리해보고자 한다.

▶ 성공투자 8단계: 8T 법칙

모든 일에는 단계가 필요하다. 구구단도 1단부터 9단까지 순서대로 외워야지 1단도 모르면서 9단을 외울 수는 없는 법이다. 아래 내용에 T로 시작하는 키워드로 구성된 8단계를 따라 계단을 오르다 보면 어느 순간 시장에서 지지 않는 투자자로 거듭나 있음을 느끼게 될 것이다.

① TYPE: 당신의 투자 타입을 알라

투자 타입에 따라서 투자전략이 달라져야 한다. 투자에 시간을 얼마나 투자할지, 자금을 얼마나 투자할지, 위험에 대한 태도 등 당신의 투자 타입을 먼저 정확히 파악하자.

② TERM: 당신의 투자 기간을 설정하라

단기매매와 장기투자는 분석 도구와 투자전략, 종목 선정 등이 완전히 다르므로 자신의 라이프사이클에 맞추어서 자금의 투자 기간을 결정해야 한다.

③ TRADING: 트레이딩 개념을 이해하라

가치와 가격에 대해 정확히 이해해야 한다. 그래야 가치투자 전략과 가격매매 전략을 실행할 수 있다. 당신은 투자하고 있는가? 매매하고 있는가?

④ TOP DOWN: 통찰력을 갖고 선택과 집중하라

높이 나는 갈매기가 멀리 보듯이 탑다운 분석을 통해 시장 업종 종목을 바라보는 통찰력을 가져야 한다. 그러면 자연스럽게 언제, 어느 업종에 집중할 수 있을지 선택할 수 있게 된다.

⑤ TREND: 시장의 흐름을 읽어라

성장 산업과 사양 산업이 영원할 수 없고, 매일 오르는 지수도, 매일 떨어지는 종목도 존재하지 않는다. 시장의 변화를 빨리빨리 읽어내야 한다.

⑥ TECHNIQUE: 나만의 기법을 개발하라

고수들의 수많은 기법은 결국 내 것이 아님을 명심하자. 전통적인 기법들을 공부하고 익숙하게 숙달한다면 그다음 할 일은 나만의 기법을 개발하는 것이다.

⑦ TRAINING: 반복해서 훈련하라

비단 주식투자뿐이랴. 세상의 모든 일에 1만 시간의 법칙이 적용된다는 데 동의한다면 훈련하자. 무엇을 훈련해야 할지 모르겠다면 증권사 리포트와 공시 분석부터 시작해도 좋다.

⑧ TRY: 시도하라, 시도하라, 그리고 또 시도하라

노력하고 시도하면 안 되는 일이 없겠지만 자금이 없다면 계속 시도할 수 없다. 주식시장에서 살아남는 유일한 방법은 생존을 위한 자금 관리임을 명심하자.

▶ 투자 대가들의 기법

앞의 8T 성공법칙에서 나만의 기법을 개발하는 것은 투자자들이 많은 시간을 투자해야 하는 부분으로 성공투자를 위해 가장 중요한 것이다. 나만의 기법을 정립하는 출발점은 성공한 투자자의 기법들을 배우고 익히는 것이다. 그다음 천천히 실전에서 적용해보고 나만의 기법으로 다듬어 가면 성공투자로 가는 시간을 단축할 수 있다. 대표적인 성공투자자들의 기법을 요약해보면 다음과 같다.

① 벤저민 그레이엄

가치투자자들의 바이블인 《현명한 투자자》의 저자이자 가치투자의 아버지라고 불린다. 또한, 워런 버핏의 스승으로도 알려져 있다. 저평가 가치주에 대한 투자법으로 유명하다. 기업가치보다 싸게 거래되는 주식을 매수해서 주가가 기업가치에 접근하면 매도해 수익을 내는 투자를 강조하는 안전마진 투자의 중심개념을 고안해냈다. 특히 가치투자 중에서 양적 분석에 의한 가치투자의 최초이자 최고 이론을 정립했다.

② 워런 버핏

'오마하의 현인'으로 불리는 이 시대의 살아 있는 투자 전설이다. 매년 발표되는 세계의 부자 순위 5위안에 항상 포함되는 투자자로서 미국시장의 시가총액 상위 투자기업인 '버크셔 해서웨이'의 최대주주다. 바보도 경영할 수 있는 사업에 투자하는 것을 원칙으로 삼았다. 또한, 그 사업을 자신이 완벽히 이해해야 좋은 기업이라고 믿었다. 좋은 기업을 선택하면 집중투자도 과감하게 행한다.

IT 기술주에 대한 투자를 망설였던 과거와 달리 최근의 기술혁신 시대에서는 애플 등 IT 핵심주에 대한 투자도 적극적으로 하는 모습을 보인다. 스승인 벤저민 그레이엄의 양적 분석에 더해 질적 분석까지 고려해 가치투자를 현재의 모습으로 한 단계 끌어올렸다.

③ 피터 린치

최고의 스테디셀러 《전설로 떠나는 월가의 영웅》의 저자다. 개인적으로 주식투자 번역서 중에서 가장 재밌게 읽은 책으로, 초보 투자자들이 기억해야 할 인사이트가 많이 들어있다. 대중과 다른 관점으로 시장을 봐야 한다는 '칵테일 이론', 악재에 민감할 필요 없다는 것을 강조하는 '북소리 효과', 포트폴리오의 수익률을 극대화시키는 '텐배거 종목' 그리고 애널리스트보다 더 빨리 좋은 종목을 선정할 수 있는 최고의 방법인 '생활 속의 종목 발굴법' 등이 있다. 쉬운 사례 등을 통해 초보 투자자들에게 최고의 인사이트를 주는, 진정으로 전설로 떠난 월가의 영웅이다.

 TIP 슈퍼개미 이 세무사가 알려주는 토막 상식 ┄┄┄

칵테일 이론

칵테일 파티 효과(cocktail party effect)라고도 부르며 파티장의 시끄러운 소리와 다른 사람들의 대화 속에서도 내가 대화하고 있는 상대방의 이야기를 선택적으로 집중하는 현상을 의미한다. 피터 린치가 주식시장을 기반으로 재해석한 칵테일 이론은 펀드매니저인 자신의 인기가 높을 때는 매도를 고려하고 인기가 없을 때는 매수를 고려하는 즉, 대중과 다른 관점으로 시장을 바라보는 이론이다.

텐배거(Ten Bagger)

모든 투자자들이 원하는 '꿈의 수익률'인 10배 수익률이다.

④ 필립 피셔

《위대한 기업에 투자하라 (Common stocks and Uncommon profits)》라는 책으로 잘 알려진 투자자다. 워런 버핏은 벤저민 그레이엄과 함께 필립 피셔를 스승으로 밝힌 바 있다. 양적 분석보다 질적 분석을 훨씬 중요하게 여기기 때문에 CEO에 관한 판단 등 재무제표에 나오지 않는 항목에 대한 사실판단을 중요하게 생각했다. 벤저민 그레이엄이 가치주 투자의 선구자라면, 필립 피셔는 성장주 투자의 선구자다.

⑤ 기타

앞서 소개한 4명의 투자가는 둘째가라면 서러워할 대가들임이 분명하다. 이외에 내가 공부하면서 큰 도움을 받은 투자가들의 책들도 너무 많다. 제시 리버모어의 책에서 추세매매의 논리와 타당성을 생각하게 되었으며, 앙드레 코스톨라니의 책에서는 주식투자에서 나아가 돈에 대한 철학적 의미와 통찰력을 키우게 되었다.

또한 윌리엄 오닐의 책에서 가치와 가격의 비교를 통한 성장주 투자를 배웠고, 알렉산더 엘더의 책에서 기법(Method)과 함께 마인드 컨트롤(Mind)과 자금관리(Money) 등의 소위 3M이 중요하다는 것도 배웠다. 제한된 지면 때문에 다 쓸 수는 없지만, 학교도 없고 학과도 없는 주식투자 공부를 하면서 성공한 주식투자 대가들이 쓴 책은 성공투자를 위한 필수교재임을 강조하고 싶다. 이론도 중요하지만, 실전경험이 중요한 주식투자를 잘하기 위해서는 대가들을 통해 다양한 간접 경험을 할 수 있다는 점을 꼭 기억하자. 이 정도면 주식투자 책을 읽어야 하는 충분한 동기부여가 되지 않을까?

▶ 슈퍼개미 이 세무사의 기법: 8테크

자신만의 기법을 개발하는 과정에서 실전 투자의 벽에 직면하여 고독하고 치열하게 자신만의 싸움을 하는 투자자들에게 내가 정립한 8가지 기법을 소개한다. 20년 넘게 주식투자를 하면서 사용했던 수많은 기법 중에 가장 중요한 8가지를 뽑아서 정리해보았다.

① 시가총액 비교법

언젠가 식당에서 식사를 하다가 옆 테이블에서 우연히 이런 이야기가 들린 적이 있다.

"삼성전자 요즘 회사가 많이 안 좋나 봐."

"왜?"

"삼성전자 주가가 200만 원 넘게 올라갔었는데, 지금은 8만 원도 안 되잖아."

주식투자를 하지 않는 사람이라면 이런 오해를 할 수 있지만, 주식투자자라면 절대 해서는 안 되는 착각이다. 주가보다 시가총액이 더 중요하다는 걸 알아야만 한다.

주식투자자라면 '이 회사의 주가는 얼마냐?'가 아닌, '이 회사의 시가총액은 얼마냐?'를 기억해야 한다. 삼성전자의 주가가 7만 원인 게 중요한 게 아니라 시가총액이 400조 원이 넘는 우리나라 최고의 기업이라는 점을 기억해야 한다는 것이다. 따라서 삼성전자와 SK하이닉스, NAVER와 카카오, 삼성바이오로직스와 셀트리온, LG화학과 삼성SDI 등 동종업종의 종목들을 비교할 때에도 주가가 아닌 시가총액을 비교하는 것이 의미 있다고 할 수 있다.

② 분산투자 기법

분산투자는 아무리 강조해도 지나치지 않은 기법이다. 정확히 말하면 종목 선정기법이 아니라 포트폴리오관리 기법이라고 할 수 있다. 분산투자의 목적은 위험관리다. 분산투자로 위험을 낮추면서 수익률을 유지해야 한다. 주식투자자는 수익률 극대화와 위험 극소화라는 줄 위에서 줄타기하는 사람이다. 그 줄에서 떨어지지 않기 위해서는 절대적으로 균형을 찾아야 한다. 분산투자가 바로 주식투자에 있어서 균형을 지켜줄 것이다.

초보 투자자들의 경우 분산투자를 할 때 몇 종목 정도를 보유해야 하는지 궁금해하는 경우가 많다. 각자의 투자성향과 금액에 따라 차이가 나겠지만 보통 5~10종목 사이가 관리하기 가능한 수준이라고 생각한다. 물론 보유종목 숫자보다 더 중요한 것은 보유종목들의 상관관계가 낮은 것이다. 상관관계가 낮을수록 좋으므로 서로 다른 섹터의 종목들로 구성해야 한다는 것이다.

③ 상승률 매매기법

주식투자 초보였던 주린이 시절에 나는 상한가 매매기법으로 가장 많은 수익을 얻었다. 상한가를 분석하고 추격 매수를 해 연속 상한가 종목을 잡아내기만 하면 일주일 만에 두 배 수익이 가능했던 시절이었다. 물론 상한가 종목을 보유하고 있을 때는 점심은커녕 화장실도 가서는 안 되는 것이 단기 트레이더들의 불문율이기도 했다.

배고픔과 생리현상마저 참아야 성공투자를 할 수 있다는 것은 아이러니하게도 나 자신을 강한 투자자로 키워낸 원동력이었는지도 모른다. 지금은 단기매매 비중을 많이 낮추었지만, 아직도 습관적으로 장중 시간에는 모니터 앞에 있어야 맘이 편하다. 오랜 주식투자로 인해 생긴 습관일 것이다.

요즘에는 상한가가 30%로 확대되면서 상한가 종목이 많지 않다. 그래서 변화를 준 것이 '상승률 매매 기법'이다. 상승률이 높은 종목을 하루에 30~50종목 정도 분석해보자. 오늘 오른 종목을 공부하면 내일 오를 종목을 찾아낼 수 있는 눈이 길러질 것이다.

④ 짝짓기 매매기법

나는 대학원에서 와인 소믈리에 전공으로 석사까지 수료했을 정도로 와인을 무척 좋아한다. 와인 관련 용어 중 와인과 음식의 조화를 가리키는 '마리아주(mariage)'라는 단어가 있다. 육류에는 레드 와인, 생선에는 화이트 와인 등 궁합이 맞는 와인과 음식이 있다는 뜻이다.

주식 종목 중에도 이처럼 궁합이 맞는 종목들이 존재한다. 하나의 재료에 같은 움직임들이 나오는 종목군을 '테마'라 한다. 테마는 수개월에서 1년 이상 강한 움직임을 보이기도 한다. 종종 테마를 도박이라고 생각하는 사람들이 있다. 하지만 반도체주, 금융주, 조선주 등 동일 업종의 종목들도 넓게 보면 테마라고 할 수 있기에 굳이 거부감을 가질 필요는 없다.

상승장에서는 주도섹터가 늘 존재한다. 그리고 이 주도섹터 내에서 대장주와 쫄개주를 구분하여 상승장의 주도주를 잡아낼 수 있는 분석법이 바로 테마 분석이다. 따라서 테마 분석은 굉장히 중요한데 평소에 같은 주가의 움직임을 보이는 종목들을 관심 종목으로 설정하여 계속 업데이트해나간다면 미래에 노력을 배신하지 않고 열매를 맺을 귀한 무형자산이 될 것이다.

⑤ 신고가 매매기법

신고가는 오늘의 종가가 전고점을 뚫었다는 뜻이다. 그리고 정배열은 주가가 오르는 상승추세라는 것을 의미한다. 따라서 '정배열 신고가 차트'는 주가가 우상향하면서 전고점을 갱신하여 매물벽이 존재하지 않고 가볍게 주가 상승이 가능한 상태다.

특히 오랜 조정 후에 역사적 신고가를 갱신하면 굉장히 강력한 상승탄력이 나올 수 있으므로 신고가 갱신이 가능한 종목들은 미리 관심권에 두고 지속해서 관찰해 나가야 한다. 또 하나의 응용전략으로 신고가 갱신이 특정섹터의 종목에서 계속 배출된다면 주도 섹터일 확률이 높으므로 집중공략을 고려해야 한다.

⑥ 신규 상장주 공략법

주식투자를 하다 보면 오래된 재료보다 새로운 재료가 훨씬 강력하다는 것을 알 수 있다. 마찬가지로 오래된 종목보다 새롭게 상장된 종목이 급등 종목으로 탄생하는 경우가 많다. 주식투자자들이 기존에 거래하던 종목보다 신규 상장된 종목에 큰 관심을 가지기 때문이다.

따라서 주목받는 업종인 데다 좋은 재무구조를 가지고 적정한 공모가 수준으로 신규 상장된 종목은 의외의 큰 수익을 주는 종목이 될 수 있다. 이를 기억해서 신규 상장주를 공략하는 것도 좋은 기법 중 하나다.

⑦ 생활 속 종목 발굴법

월가의 전설적인 영웅 피터 린치는 일상에서 얼마나 많은 종목을 발굴할 수 있는지를 강조했다. '미치면 통한다.'라는 말도 있지 않은가? 주식투자에 미치면 일상에서도 많은 종목 발굴의 기회를 포착할 수 있다.

우리는 마트에서 병원에서 길거리에서, 심지어 TV를 보면서도 실적이 좋아지는 종목을 발견할 수 있다. 이렇게 생활 속에서 발굴된 종목은 어느 경제기사보다 어느 애널리스트의 리포트보다 더 빠르게 포착될 확률이 높다. 따라서 이렇게 발견한 종목이 의외의 큰 수익을 우리에게 주기도 한다. 초보자들에게 가장 쉬우면서 가장 큰 수익을 주는 기법이므로 반드시 실행에 옮기도록 하자.

⑧ 삼박자 투자법

삼박자 투자법은 내가 만든 '비법' 아니 더욱 정확하게 말하면 '완벽투자기법'이다. 종목 선정의 완벽한 기법이라고 자부할 수 있지만, 조금 어렵다는 단점이 있다. 하지만 굉장히 중요한 기법이므로 앞서 설명한 7가지 기법과 달리 다음 장에서 조금 더 자세하게 설명하겠다.

이 세무사의
삼박자 투자법

▶ 어렵지만
완벽한 투자법

내가 만든 8가지 성공투자 기법 중 무엇이 가장 중요하냐고 묻는다면 단언하건대 '삼박자 투자법'이라고 할 수 있다. 따라서 지금부터 삼박자 투자법에 대해 구체적으로 이야기해 보겠다. 20년 넘게 주식투자를 하면서 정말 많은 주식투자 서적을 읽었고 여러 주식투자자와 만나 이야기를 나눴다. 그 과정에서 알게 된 것 중 하나가 투자자들이 종목 선정을 하면서 가치분석(재무제표), 가격분석(차트), 정보분석(재료)을 가장 많이 연구한다는 것이었다.

물론 나 역시 그랬다. 처음 주식투자를 했던 시기에 상한가 따라잡기를 공격적으로 하며 어떤 재료가 나왔을 때 종목들이 크게 반응하는지를 집중적으로 연구하여 정보분석을 하는 데 치중했다.

그러면서 단기매매는 장기투자에 비해 타이밍이 중요하고 특히 매도타이밍을 잘 잡아야 한다는 생각에 차트 공부를 열심히 했다. 그렇게 돈을 크게 번 이후에는 점점 중장기투자 포트폴리오의 비중이 높아지면서 당연히 가치분석에 치중하게 되었다.

가치분석과 가격분석, 정보분석을 모두 할 수 있는 투자자가 우리나라에 정말 극소수밖에 없다는 것을 안다. 그도 그럴 것이 대학교에서 경영, 경제를 전공하였거나 회계사, 세무사 자격증을 취득 가능한 정도의 수준이 아니라면 재무제표를 분석하거나 거시경제의 흐름을 읽어내기 어렵다. 비전공자가 이를 하기 위해서는 경제학원론, 회계학원론 수준의 교재는 읽어야 하는데 독학으로 해내기가 쉽지 않다.

또한, 정보분석은 매일 매우 많은 정보를 읽고 해석해야 하는데 전업투자자가 아니라면 이렇게 많은 시간을 투자해서 정보분석 경험을 꾸준히 쌓아나가기 힘들다. 차트분석 역시 기본적인 봉차트와 이동평균선에서부터 일목균형표나 볼린저밴드 등 고급차트까지 읽어내야 하는데 이를 위한 공부를 무작정 하게 되면 시작부터 높은 난이도를 마주치고 난감한 생각부터 들 것이다.

나의 경우 경영·경제학을 공부하였고 세무사 자격증을 취득하였으며 세무법인 대표 경험이 있기 때문에 가치분석을 잘 할 수 있는 지식과 경험이 있다고 자부한다. 그리고 20년 전 처음 주식투자를 시작할 때만 해도 서점에 가면 주식투자 서적코너에 차트 관련 책이 가장 많았다. 그래서 초보자 시절부터 굉장히 다양한 차트 책을 접할 수 있었다. 지금도 종목 선정을 할 때 반드시 차트를 확인한다.

또한, 상한가 30% 시대 이전에는 하루에 20~30개 정도 상한가가 나왔는데, 주식투자를 시작한 날부터 지금까지 상한가 전 종목의 재료를 분석했다. 현재는 과거와 달리 상한가가 적게 나오기 때문에 상승률 30위 이상 종목들의 재료를 분석하며 시장에서 어떤 정보가 호재의 역할을 하고 있는지 분석하며 꾸준히 실전 경험을 쌓아가고 있다.

가치분석 공부를 베이스로 한 투자자 중에는 차트분석을 무시하는 경우가 있다. 마찬가지로 차티스트 중에도 가치분석을 무시하는 경우가 있다. 왜 굳이 그러는지 이유를 잘 모르겠다.

내가 분석할 수 있는 지식과 경험이 있다면 모든 무기를 다 꺼내 와서 종목 선정을 해야 더 수익이 나는 사실은 명확하다. 그러니 자신이 모른다는 이유만으로 무의미한 분석법이라고 하는 것은 굉장히 겸손하지 못한 태도이며 꽉 막힌 투자철학이라 할 수 있다.

수요공급 법칙의 관점에서 보면 삼박자 투자법의 유용성은 더욱 명확해진다. 사실 주식투자에서 돈을 버는 방법은 '내가 산 가격보다 더 비싸게 사는 바보'를 찾는 것이다. 즉 주가가 올라가는 종목을 찾아야 한다.

주가란 '주식의 가격'을 의미한다. 경제학에서 가격은 시장에서 수요공급의 법칙에 따라 결정된다고 설명한다. 마찬가지로 주가 역시 주식시장 내 수요공급 법칙에 따라 결정된다. 매수주문은 많이 있지만 매도주문은 없을 때 종목의 주가는 올라간다. 따라서 매수주문을 어떤 종목에 넣는지 그리고 어떤 종목을 매도하지 않고 보유하려 하는지를 파악하면 주가가 올라가는 종목을 찾을 수 있다.

가치투자자들은 가치를 분석하면서 저평가우량주 또는 성장주에 매수주문을 넣는다. 차티스트들은 상승 확률이 높은 차트를 찾아 매수주문을 넣는다. 또 정보분석가들은 호재가 나왔는데 아직 주가에 반영이 덜 되어 있거나, 앞으로 호재가 나올 종목을 찾아 매수주문을 넣는다. 그렇다. 재무제표, 차트, 재료를 모두 보는 이유는 수요공급의 법칙에 따라 매수주문이 많이 나와 주가가 올라가는 종목을 찾기 위함이다. 결국, 주식투자의 목적은 앞으로 주가가 오를 종목을 사서 돈을 버는 데 있다.

▶ 상승률 상위종목의 재료를 분석하자

주식투자자 중 절반 정도는 타의에 의해 계좌를 만들었다고 해도 과언이 아니다. 친구나 직장동료와 이런 대화를 하는 것이 주식투자의 시작이었던 분들이 생각보다 매우 많다.

"너 주식계좌 없어? 이거 대박 종목인데 안타깝다."
"어 그래? 그럼 계좌 만들게."

보통 사람들 대부분이 앞의 대화처럼 누군가의 종목 추천으로 주식투자를 시작한다. 처음에는 주가가 만 원에서 만 오천 원까지 올라 천만 원을 넣어둔 계좌 금액이 천오백만 원이 되지만, 오래지 않아 칠천 원까지 떨어진다. 그러다 결국, 주식은 본전 찾기라며 체념한다. 생각해 보면 언제 사야 할지도 몰랐기에 언제 팔아야 할지 모르는 것은 당연한 일이다. 우선은 그 종목을 왜 사야 하는지조차 몰랐던 것부터 첫 단추를 잘못 끼운 것이다.

물론 주식투자에 있어서 정보는 중요하다. 하지만 우리에게 노출되지 않은, 공개되지 않은 소수에 의해 근거 없이 떠돌아다니는, 소위 '찌라시' 같은 정보가 아닌 모두에게 공개된 증권사 리포트나 공시된 정보들이 훨씬 더 중요하다. 이러한 정보들은 누구나 볼 수 있지만, 그 정보를 판단하고 분석하는 사람의 능력에 따라 가지는 가치가 다르다. 따라서 남들보다 정보분석을 잘할 수 있는 힘을 기르면 된다.

공개정보는 누구나 볼 수 있는 정보지만 실제 이 정보를 보고 활용하는 투자자는 많지 않다. 1차 재료인 '전자공시시스템'의 공시들과 2차 재료인 '증권사 리포트', '경제기사' 등을 등한시하고 여러 플랫폼의 투자 고수를 자칭하는 사람들이 재가공을 거쳐 만든 재료를 찾아보는 사람들은 많지만 말이다.

증권사 리포트, 공시, 뉴스 등 공개된 정보를 모두 볼 시간이 너무 부족하거나 어디서부터 어떻게 정보분석을 해야 할지 막막한 투자자가 있다면 상승 종목의 재료를 매일 찾아볼 것을 추천한다.

앞서 언급했지만 나는 과거에는 상한가 전 종목을 그리고 지금의 상한가 30% 시대에서는 상승률 30위 이상 종목을 모두 분석한다. 일간 단위의 상승률 상위만 분석하는 것이 아니라 주간 상승률, 월간 상승률, 분기 상승률, 반기 상승률, 연간 상승률을 각 단위로 매번 분석한다.

그렇게 1년 정도를 분석하다 보면 시장 내 재료의 흐름을 알 수 있다. 이런 식으로 주가가 오른 종목을 공부하고 어떤 정보가 주가를 얼마나 오르게 하는지 데이터화 하면서 이와 관련된 정보를 쌓아간다면 이후에 어떤 정보를 접하더라도 그 정보가 주가에 어떤 영향을 주는지 쉽게 파악할 수 있다.

▶ 차트 분석으로
추세매매가 가능해진다

가격을 분석할 때는 차트 분석을 통해 추세와 변곡점을 찾기 위해 노력해야 한다. 사실 상승추세와 하락추세, 비추세로 나누어 종목을 구분하는 것은 차트 공부를 조금만 해도 가능하지만, 변곡점은 그렇지 않다. 단언컨대 변곡점을 찾아내는 비법은 이 세상에 없을 것이다. 기업가치 평가를 한 줄의 공식으로 해낼 수 있는 마법의 가치평가 공식이 없는 것처럼 말이다.

변곡점을 찾아내는 절대적인 방법은 없지만, 그런데도 봉의 형태나 이평선의 형태를 통해서 하락변곡점과 상승변곡점을 찾아내는 공부를 하고 이를 예측하는 이유는 50%에서 +α% 확률을 위해서라는 것을 명심하기 바란다.

변곡점을 찾는 게 어렵다는 걸 인정하게 되면 상승추세에서 수익을 내야 함을 더욱 빠르게 이해할 수 있다. 상승변곡점을 찾는 게 어려워 하락추세의 종목에 접근하게 되면 지속적인 추가하락에서 큰 손실이 날 수 있기 때문이다. 따라서 하락추세의 종목은 대바닥이 지나고 난 후에 매수를 고려하면 된다.

우선 다음 '역 헤드 앤 숄더 패턴' 그림을 보자. 왼쪽 무릎에서 미리 매수하는 것이 아니고 바닥을 지나 오른쪽 무릎에서 매수하라는 뜻이다. 반대로 하락변곡점을 찾는 것이 어렵기 때문에 상승추세의 종목에 접근한다면 상승추세를 충분히 즐겨야 하고, 대천정을 미리 알 수는 없지만 대천정이 지나고 난 후에 매도를 고려하면 된다.

삼중바닥형: 역 헤드 앤 숄더

- 대표적인 상승 반전형 패턴

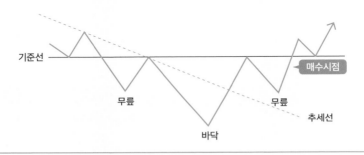

다음으로 '헤드 앤 숄더 패턴'을 보자. 왼쪽 어깨에서 미리 매도하는 것이 아니고, 머리를 지나 오른쪽 어깨에서 매도하라는 뜻이다. '무릎에서 사서 어깨에서 팔라.'는 격언은 바닥 찍고 올라가는 오른쪽 무릎에서 사서 천정을 찍고 내려가는 오른쪽 어깨에서 팔라는 의미라는 것을 명확히 이해하고 실천해야 한다.

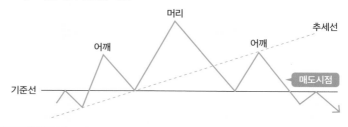

삼중천장형: 헤드 앤 숄더(head & shoulder)

- 대표적인 하락 반전형 패턴

머리

어깨

어깨

추세선

기준선

매도시점

그렇다면 차트 공부는 어떻게 하는 것이 좋을까? 내가 차트를 공부할 때 처음에 이용한 방법은 그림공부를 하듯 전체 차트 화면을 감상하는 것이었다. 수치 하나하나를 자세히 살피며 중요도를 부여하기보다 일봉 차트에서 이동평균선의 배열, 이격, 전고점, 양선과 음선의 개수 등을 전체적인 그림으로 보면서 좋은 차트와 안좋은 차트를 주관적으로 구분하는 연습을 했다. 차트 공부가 처음이라면 이 방법을 추천하고 싶다.

기본적으로 거의 모든 HTS에 있는 기능인 자동 돌려보기를 활용하면 좋다. 한 종목 당 3초 정도의 시간이 걸리는데 전체 종목, 약 2,000종목을 본다면 6,000초, 즉 100분 정도 걸리는 셈이다. 100분이면 영화 한 편을 보는 시간이다. 120분짜리 영화도 많으니 어쩌면 영화 한 편을 보는 것보다 더 금방 끝난다고 할 수 있다. 영화 한 편을 보면 감동을 얻을 수 있지만, 주식 차트를 보면 수익을 얻을 수 있다. 그러나 애석하게도 많은 이들이 차트보다 영화 한 편을 선택한다. 이유는 두 가지가 있다. 차트보다 영화가 훨씬 재미있다는 것. 또한, 영화를 보면 감동이나 재미를 확실히 느낄 수 있지만, 차트를 본다고 확실한 수익을 낼 수 있는가에 대한 의문 때문이다.

그래도 일단 시작해보자. 우리는 살면서 시도하고 난 뒤 후회하기보다 시도조차 하지 않아서 후회하는 경우가 훨씬 많다는 것을 알아야만 한다. 일단 시도해보고 자신한테 맞지 않는 분석법이면 그만두면 된다.

▶ 가치분석을 해야 시장에서 살아남을 수 있다

삼박자 투자법의 세 가지 분석 중에서 가장 중요한 것을 꼽으라 한다면 가치분석이라 할 수 있다. 극단적으로 표현하자면 정보분석과 차트 분석을 잘해서 좋은 종목을 선정했을지라도 기본적인 가치분석이 되지 않았다면 치명적인 투자 실패로 이어질 수 있다. 왜냐하면, 내가 산 종목이 부실한 종목일 경우 유상증자나 무상감자, 나아가서 관리종목이나 상장폐지가 될 수 있기 때문이다.

이 경우 만약 포트폴리오 종목 숫자가 적은 집중투자일 경우 피해를 복구하는 데 굉장히 긴 시간이 걸릴 수도 있다. 심지어 한 종목 투자의 경우에는 바로 시장에서 퇴출당할 수도 있다.

그렇다면 우리는 가치분석으로 부실한 종목만 걸러내면 되는 것일까? 그렇지 않다. 단순히 부실 종목을 걸러내는 것이 아니라 업종 대비 또는 시가총액 대비 우량한 종목을 찾아내야 한다. 가치가 있는 종목을 선정하기 위해서는 양적 분석과 질적 분석이 모두 필요하다. 양적 분석은 재무제표에서 중요 계정과목의 숫자를 분석하는 것이다. 기업가치를 분석하는 중요재무제표는 재무상태표, 손익계산서, 현금흐름표가 있다. 이러한 재무제표를 이용하여 기업의 성장성, 이익성, 안정성을 검토해야 한다.

성장성을 확인할 수 있는 지표로는 매출액증가율이나 영업이익증가율이 있다. 성장성을 분석할 때는 단기간에 큰 성장세를 보인 종목보다 장기간에 걸쳐 꾸준히 성장한 종목이 더 좋다. 그 이유는 성장의 기간이 길수록 앞으로 성장을 지속할 확률이 더 높기 때문이다.

또 이익성을 확인할 수 있는 지표로는 영업이익률이나 당기순이익률이 있다. 쉽게 말해 어느 정도 매출액이 나왔을 때 얼마나 남느냐를 가르쳐주는 지표로 기업의 존재 이유를 '이익추구'라는 측면에서 본다면 이익성은 높을수록 좋다. 비경상적이거나 비정기적인 손익이 다 반영된 당기순이익률보다 영업이익률이 더 중요하다.

영업이익률이 20%가 넘으면 조금 더 종목을 자세히 보고, 30%가 넘으면 집중분석, 40%가 넘으면 매수가능 종목을 분석하는 수준으로 체크할 필요가 있다.

안정성을 확인할 수 있는 지표로는 부채비율 등이 있다. 과거에는 200%가 넘는 부채비율을 가진 기업도 많았다. 하지만 최근에는 100%를 기준점에 두고 만약 100%가 넘는 부채비율을 가지고 있다면 조금 자세히 그 이유를 살펴보는 것이 좋다.

성장성, 이익성, 안정성에 더해 시장지표를 반드시 확인하자. 성장성, 이익성, 안정성 지표는 재무제표 계정과목의 숫자로 계산되지만, 시장지표인 PER, PBR 등은 주가와 함께 계산된다. 따라서 이익 대비 또는 자산 대비 주가가 높게 형성되어 있는지, 낮게 형성되어 있는지 확인할 수 있는 지표다.

다만 단순히 시장지표가 낮은 것이 좋다는 고정관념은 버려야 한다. 저PER주는 고PER주에 비해서 이익 대비 주가는 낮은 수준이라는 뜻이지만, 주가에 영향을 미치는 수많은 변수 중에 이익만 반영된 지표라는 점에서 그 한계가 있다.

정보분석은 상승 종목의 재료를 공부하는 방법을, 그리고 가격분석은 차트의 자동 돌려보기 기능을 이용하는 방법을 각각 TIP으로 제시했다. 가치분석의 TIP은 조건 검색 기능을 이용한 종목

스크리닝으로 시간을 줄이는 방법이다.

2,000개가 넘는 종목을 개별적으로 하나하나 분석하기에는 우리가 가진 시간이 절대 부족하다. 이때 조건 검색에서 자신에 맞는 취향대로 조건들을 채워나가면 최종적으로 내 입맛에 맞는 우량주 리스트를 정리할 수 있다. 물론 이러한 조건 검색을 실행할 수 있는 전제 조건은 다양한 지표들에 대한 완벽한 이해임을 명심하자.

앞에서 설명한 것처럼 삼박자 투자법으로 종목을 분석하면 가장 완벽한 분석이 될 수 있다. 그러나 굉장히 높은 지식수준과 오랜 경험이 요구되고 분석 시간 역시 굉장히 오래 걸린다. 따라서 매우 어려운 분석법이라 할 수 있다. 다음 장에서는 주식투자자들이 가장 원하는 '쉽고 큰돈 버는 투자법'인 성장주 투자에 관해 설명해 보겠다.

가치주보다
성장주가 좋은 이유

▶ 가치주와 성장주의 차이를
명확히 이해하자

'가치주 대 성장주' 논쟁은 굉장히 오래전부터 시작된 해묵은 논쟁이지만 여전히 가치주와 성장주에 대해 명확하게 이해하고 구분하는 투자자는 많지 않다. 그 이유는 주식투자가 학문으로 정립되어 있지 않아 사람마다 용어를 다 다르게 쓰기 때문이다. 따라서 이 책을 통해서 설명하는 가치주와 성장주 역시 나 개인의 주관적인 견해가 들어있음을 이해하자.

먼저 통상적인 가치주와 성장주의 구분은 이렇다. 가치주란 기업의 현재가치보다 낮은 가격에 거래되는 주식을 말한다. 반면 성장주란 현재의 기업가치보다 미래의 기업가치가 더 커지리라고 예상되는 주식을 말한다. 숫자를 이용해 쉽게 설명하자면 가치주의 경우 현재가치가 한 주당 10,000원인데, 시장에서 8,000원에 거래되는 주식이다. 반면 성장주는 앞으로 성장할 가능성이 큰 기업으로 현재의 기업가치가 주당 10,000원이면, 1년 후 미래의 기업가치는 주당 12,000원으로 증가할 가능성이 큰 주식이다.

이론적으로는 시장지표인 PER의 수치를 비교해 볼 때 가치주보다 성장주의 PER이 당연히 높다. PER의 계산 산식에서 주가는 분자에 있는데, 가치주의 주가는 현재가치보다 낮고 성장주의 주가는 현재 가치보다 높을 확률이 크기 때문이다.

그렇다면 PER의 수치만 볼 때 저PER인 가치주를 사는 것이 고PER인 성장주를 사는 것보다 안전해 보인다. 하지만 반드시 그런 것만은 아니다. 주가를 단순히 현재의 이익과 비교한 것이 PER인데, 주가에 영향을 미치는 변수에는 미래의 성장성을 포함하여 CEO 등에 대한 질적 분석까지 워낙 많은 변수가 있기 때문이다. 따라서 저PER이 반드시 좋다고만은 할 수 없다.

가치주와 성장주를 조금 더 구체적으로 구분하면 네 가지로 나누어 볼 수 있다. 가치주는 보통 저평가가치주를 뜻한다. 또 저평가가치주의 반대개념으로 기업의 현재가치보다 높은 가격에 거래되는 종목을 고평가주라고 한다. 보통 말하는 거품주가 이에 속한다. 또한, 성장주의 반대개념으로 성장이 멈추고 쇠퇴가 시작되어 현재의 기업가치보다 미래의 기업가치가 더 작아질 것이라 예상되는 주식을 역성장주라고 한다.

주식은 성장가치주, 성장고평가주, 역성장가치주, 역성장고평가주 이렇게 4가지로 구분할 수 있다. 성장가치주는 무조건 당장 매수해야 하고 역성장고평가주는 당장 매도해야 한다. 그렇다면 성장고평가주나 역성장가치주는 어떨까? 도대체 둘 중에 무엇이 더 좋은 주식일까? 성장고평가주는 성장의 시간이 계속될수록 고평가가 저평가의 영역으로 진입할 가능성이 크다. 반면 역성장가치주는 역성장의 시간이 계속될수록 저평가가 고평가의 영역으로 진입할 가능성이 크다.

결론을 말하자면 시간은 성장주의 편이다. 시간이 흘러갈수록 성장은 지속되고 성장주의 주가는 오를 것이기 때문이다. 따라서 위의 4가지 분류에서 우선순위를 매겨보면 '성장가치주→성장고평가주→역성장가치주→역성장고평가주' 순이다. 이것이 우리가 가치주보다 성장주에 투자해야 하는 이유다. 성장주 투자는 엉덩이가 무거운 투자자에게 절대적으로 유리한 투자법이다.

여기서 추가로 강조할 부분이 있다. 가치주는 가치투자자의 영역이고 성장주는 가치주의 반대개념이라고 생각하는 투자자들이 많은데, 절대 그렇지 않다. 가치주와 성장주 모두 가치투자자의 영역이다.

가치투자의 시작은 양적 분석의 가치투자였지만 그 이후에 질적 분석의 가치투자로 발전했다. 질적 분석에서 가장 중요한 부분이 미래의 성장성(신성장동력, 신기술, 신제품)이기 때문이다. 그 예로 필립 피셔나 윌리엄 오닐의 경우 성장주 투자자로 잘 알려져 있는데 우리는 이들을 가치투자자로 부른다는 것을 기억하면 된다.

▶ 성장주 투자의 핵심은 바로 이것

가치주와 성장주의 단점에 대해서 생각해 보면 다음과 같다. 가치주는 현재가치를 정확히 평가해야만 현재가치보다 시장가격이 낮게 형성되어 있는지를 비교할 수 있다. 그런데 기업의 현재가치를 정확히 평가하는 것이 정말로 가능할까?

세상에는 기업가치를 평가하는 다양한 방법이 존재한다. 그 다양한 방법을 이용해 수많은 투자자가 기업가치를 평가하기 위해 온갖 노력을 기울이고 있다. 그러나 예를 들어 삼성전자의 기업가치를 객관적이고 절대적으로 평가할 수 있을까? 결론을 말하자면 불가능하다. 각기 다른 방법으로 각기 다른 투자자가 평가하는 삼성전자의 기업가치가 같을 리가 없다. 과연 삼성전자의 기업가치는

300조 원일까? 400조 원일까? 500조 원일까? 아마 누구도 정확한 삼성전자의 기업가치를 제시할 수 없을 것이다.

현재의 기업가치가 주관적이라면 시장에서 인정한 시가총액과 비교하는 것은 의미가 없다. 즉 가치주 투자에서 성공하기 위해서는 그 기업의 기업가치를 절대적으로 파악해야 한다. 하지만 안타깝게도 그런 방법은 세상에서 존재하지 않는다. 결국, 모든 가치평가방법은 상대적일 뿐이고 절대적인 가치평가방법이란 신기루나 마찬가지다. 이것이 가치주 투자의 문제점이다.

반면 성장주의 단점은 성장이 영속적이지 않다는 것이다. 기업은 사람처럼 라이프사이클이 존재한다. 즉, 태어나서 성장하고 죽는다는 것이다. 마치 제품의 수명 주기처럼 기업 수명 주기도 '도입기—성장기—성숙기—쇠퇴기'를 차례로 거친다.

기업의 성장이 언제 멈추며 성숙기로 진입하고 성숙기에서 쇠퇴기로 접어드는지는 아무도 알 수 없다. 왜냐하면, 이는 미래의 일이기 때문이다. 점쟁이가 아니고서야 기업의 성장이 끝나는 지점은 아무도 알 수 없다. 그러나 점쟁이가 주식투자에서 성공했다는 소리는 들어 본 적이 없으니 이것이 성장주 투자의 문제점이라 할 수 있다.

그렇다면 둘 중 어느 문제점을 극복하기가 더 쉬울까? 결론을 말하자면 성장주 투자의 문제점을 극복하기가 더 쉽다. 성장이 멈추는 지점을 예측이 아닌 대응의 영역으로 찾아내면 되기 때문이다. 즉 현재 성장이 예상되는 성장주에 투자하고 성장이 멈추는 지점을 지나고 나서 매도 결정을 내리면 된다. 따라서 성장주 투자의 핵심은 성장이 예상되는 종목을 선정하는 것과 투자한 성장주의 성장이 멈추는 지점을 찾아내는 것이다.

성장이 예상되는 성장주를 찾는 방법은 과거부터 현재까지 성장을 한 종목을 성장주로 간주하면 된다. 예를 들어 과거 20년 동안 성장한 리노공업에 관해 이야기할 때 현재 시점에 리노공업을 성장주가 아니라고 부인할 수 있는 사람이 있을까? 아마 없을 것이다. 따라서 리노공업은 성장주로 간주될 수 있다. 물론 그 성장이 언제 멈출지는 아무도 모르지만 말이다.

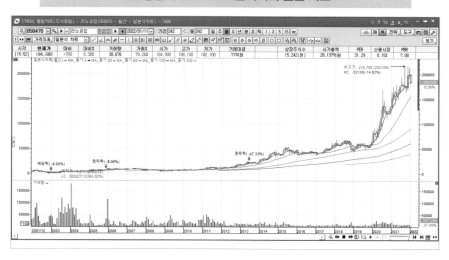

리노공업의 2001~2021년까지의 월간 차트

▶ 성장주만이 텐배거 종목이 될 수 있다

　성장주 투자의 장점에 대해 조금 더 살펴보도록 하자. 성장주 투자는 가치주 투자와 비교했을 때 주식투자의 본질에 더 가깝다. 주식투자의 본질이란 기업에 동업자의 마음으로 투자해서 장기간의 가치증분을 통한 투자수익을 얻고자 하는 것이다. 그렇다면 가치주와 성장주 중에 어느 쪽이 더 장기투자에 적합할까? 단언컨대 성장주다.

　가치주는 현재 기업가치보다 낮은 시장가격에 거래되는 주식이다. 따라서 가치주의 경우 매수한 후에 낮은 시장가격이 기업가치와 같아지는 시점에서 팔아야 한다. 가치와 가격이 일시적으로 편차가 벌어지더라도 같아지거나 적어도 매우 가까워져야 한다는 가정이 성립한다면 낮게 거래되는 시장가격은 곧 적정한 기업가치와 동일한 수준으로 올라올 것이다. 그리고 이때가 바로 매도타이밍이 된다.

　그렇게 되면 가치주의 경우 상식적으로 얼마나 싸게 거래될 것인가에 대한 의문이 남는다. 1주당 적정 가치가 1만 원인 기업이 있다고 가정하자. 그 기업의 주당 가격이 1천 원일 수 있을까? 절대 없다고 본다. 그런 일이 발생했다면 기업가치와 시장가격은 연관성이 전혀 없거나 시장에 참여한 전문투자자들의 가치평가 실력이 원숭

이보다 못하다는 의미가 된다. 가치와 가격이 일시적으로 불일치하는 범위의 상식적인 수준은 크게 잡아 30% 내외가 아닐까?

주당 적정 가치가 1만 원인 주식의 시장가격은 낮게 형성된다 한들 7~8천 원 정도다. 이 경우 가치주 투자를 했을 때 목표수익률은 30% 선에서 결정된다. 아주 힘들게 가치평가를 해서 현재 시장에서 8천 원에 거래되고 있는 주식의 적정 가치가 1만 원이라는 것을 확인하고 8천 원에 매수한다면 25%의 수익이 나는 1만 원에서 매도를 결정해야 한다.

여기에는 두 가지 문제점이 있다. 첫째, 하루 상한가 30% 시대이므로 매수한 후 하루 만에도 적정가치에 도달할 수 있다. 따라서 단기매매의 영역일 수도 있다는 점이다. 둘째, 피터 린치의 말을 빌리지 않더라도, 주식투자는 포트폴리오에서 텐배거는 아닐지라도 몇 배 이상의 상승 종목이 나와야 포트폴리오의 수익률이 높아진다.

가치주에서는 결코 100% 이상의 상승률이 나올 수 없다는 것이다. 위에서도 말했지만, 적정가치가 1만 원인데, 시장가격이 5천 원이라면 시장 참여자들의 잘못이라기보다는 적정가치를 1만 원에 평가한 평가자 1인의 잘못일 확률이 99.9%이기 때문이다. 이러한 이유로 가치주는 '바이 앤 홀드(Buy & Hold)'가 아닌 '바이 앤 셀(Buy & Sell)' 전략만 있을 수 있다.

그렇다면 성장주는 어떠할까? 성장주는 성장성을 예상하고 그 기업의 가치가 계속 증가하리라 믿고 투자를 하는 것이다. 성장주는 기본 가정 상 투자에 성공하면 성장이 수년 또는 수십 년 동안 멈추지 않고 가치가 증가면서 그에 따라 가격이 상승하는 주식이므로 바이 앤 홀드 전략이 가능하다.

물론 위에서 언급한 대로 성장주 투자에서도 실패가 나올 수 있다. 성장이 멈추는 것이 확인되면 성장주 투자는 실패로 끝나고 매도 결정을 내리면 된다. 물론 매도 가격이 매수 가격보다 위에 있어서 성장은 끝났지만, 투자에는 성공하는 경우가 발생하기도 한다. 이 또한 성장주 투자의 또 하나의 장점이라 할 수 있다.

정리하자면 가치주는 바이 앤 셀 전략만이 사용 가능하며 그 기대수익률도 매우 낮다. 목표가가 적정가치인데 시장가격은 적정

가치와 큰 편차를 가질 수 없기 때문이다. 반면 성장주는 계속 성장하는 동안 바이 앤 홀드 전략을 구사하고, 성장이 멈추었을 때 바이 앤 셀 전략을 구사한다. 이 경우에도 이익이 발생할 수 있다. 자, 그렇다면 당신은 성장주 투자를 할 것인가? 가치주 투자를 할 것인가?

▶ 계속되는 성장주 시대

우리는 앞서 성장주의 가능성에 대해 많은 이야기를 했다. 그런데 왜 아직도 가치주 대 성장주의 논쟁이 계속될까? 그 이유는 장기적으로는 성장주 투자가 가치주 투자보다 확실히 우위를 보이는 전략임에는 분명하지만, 단기적으로는 가치주 투자가 유리해 보일 수 있기 때문이다.

시장 상황에 따라 구분해보면 이해가 조금 더 쉬울 것이다. 우선 상승장과 하락장으로 구분을 하면 상승장에서는 성장주가 유리하고, 하락장에서는 가치주가 더 유리하다. 상승장에서보다 하락장에서 기업가치 대비 시장가격이 낮게 형성될 가능성이 크기 때문이다. 또한, 하락장은 결국 경기가 쇠퇴 국면이란 뜻이므로 기업의 성장이 정체되거나 역성장에 진입할 가능성이 크다.

금리로도 설명할 수 있다. 금리가 낮은 시기일수록 성장주가 더 유리하다. 그 이유는 미래 현금흐름을 현재가치로 평가하는 경우 분모에 할인율로 금리를 사용하는데, 금리가 낮을수록 미래의 현금흐름이 큰 할인 없이 현재가치로 평가되기 때문에 성장주가 가치주에 비해 높게 평가될 수 있다.

마지막으로 기술혁신으로도 설명할 수 있다. 기술혁신의 시기에는 성장주 투자가 가치주 투자에 비해서 유리하다. 기술혁신과 관련된 산업에 포함된 기업들은 현재의 이익보다 미래의 예상이익이 훨씬 크기 때문이다. 따라서 현재가치가 중요한 가치주 투자보다 미래가치가 중요한 성장주 투자가 기술혁신의 시기에 더 유리한 것은 당연한 이야기다.

종합적으로 살펴볼 때 지금은 성장주에 유리한 시기다. 물론 코로나로 시작된 제로금리의 시대는 물가인상으로 인해 금리 인상의 시대로 바뀌고 있다. 하지만 앞에서 언급한 대로 지금은 4차 산업혁명이 계속되는 기술혁신의 시대다. 금리 인상으로 유동성이 축소되면 성장주에 불리한 상황과 4차 산업혁명으로 성장주에 유리한 상황의 충돌에서 어느 쪽이 우세할지 쉽게 유추할 수 있다.

결론적으로 지금은 여전히 성장주 시대다. 주식투자의 큰 성공은 주도주 투자에서 나오는 것이다. 성장주 투자가 매우 유리한 시기에 성장주에 관한 공부를 열심히 하고 그중에서 주도주를 찾아 투자하는 것이 앞에서 이야기한 '쉽게 큰돈을 벌기 위해' 주식투자를 하는 이유에 가장 적합한 투자전략이다. 물론 '어렵게 적은 돈을 벌기 위해' 주식투자를 한다면 어쩔 수 없지만 말이다.

성장주를 찾는 방법

▶ 삼박자 투자법으로 성장주 찾기

성장주 투자의 장점을 확실히 이해했다면 이제 성장주를 찾을 차례다. 성장주는 어떻게 찾을 수 있을까? 이제부터 내가 만든 삼박자 투자법에 따라 가치, 정보, 가격으로 성장주를 찾는 방법을 설명해보겠다.

먼저 정보 측면으로 접근해 성장주를 찾는 방법은 증권사 리포트나 경제 관련 기사를 열심히 보는 것이다. 특히 증권사 리포트에서 성장산업에 대한 분석과 함께 업종 내 탑픽(Top Pick) 종목이 제시된 글을 발견한다면 꼼꼼히 체크해야 한다. 그리고 미국 증시 동향역시 매일 살펴보는 것이 좋다. 예를 들면 '테슬라'의 성장성을 이해했다면 '2차 전지산업'에 해당하는 종목들에서 큰 수익을 얻을 기회를 잡을 수 있었을 것이다.

다음으로 가치 측면으로 접근해 성장주를 찾는 방법은 수년간의 재무제표를 분석하는 것이다. 원 데이터를 중요하게 생각하는 투자자는 '전자공시시스템'에 들어가 매년 손익계산서를 보면서 매출액, 영업이익, 당기순이익이 지속해서 증가했는지 체크해야 한다.

하지만 이 방법은 굉장한 노력과 시간이 필요하다. 특히 몇 가지의 관심 종목만 확인하는 것은 괜찮지만, 거래소와 코스닥 내 2천 종목이 넘는 전 종목을 모두 확인하는 것은 물리적으로 불가능에 가깝다. 하루에 10종목씩 매일 본다 해도 200일 이상이 걸리기 때문이다.

그나마 더 빠르게 확인하는 방법으로는 증권사 HTS 프로그램에서 조건검색 기능을 이용하거나, 기업 신용정보 제공 회사에서 연간 재무제표의 성장률을 확인하는 방법이 있다.

마지막으로 가격 측면에서 접근해 성장주를 찾는 방법은 차트를 보는 것이다. 월봉 차트로 10년 정도의 주가 움직임을 확인하면 성장주를 찾을 수 있다. 이 방법의 가장 큰 장점은 삼박자 분석 중 가장 빠르게 성장주를 찾을 수 있다는 점이다.

HTS를 켜고 차트 화면에서 자동 돌려보기 기능을 이용해 전 종목의 차트를 보는 데는 고작 한나절이면 충분하다. 야구 한 게임

보는 시간을 투자하여 전 종목의 차트를 살펴보고 성장주 종목 선정이 가능하다면 한 번 해볼 만하지 않은가?

▶ 차트로 성장주를 찾는 것이 가장 쉽고 정확하다

세 가지 방법 중 가장 편한 방법인 차트 가격분석에서 성장주를 찾는 방법의 논리적 타당성을 이해하고 믿음을 가질 수 있다면 성장주 찾기는 더 이상 어려운 일이 아니다.

앞서 설명한 바와 같이 가치주 투자와 성장주 투자는 모두 가치투자의 범주에 속한다. 가치투자가 주식투자 세계에서 가장 오랫동안 인정받을 수 있었던 이유는 가치와 가격이 하나라는 가정에서 시작된다.

우리는 매일같이 변동하는 가격을 예상할 수는 없다. 그런데도 기업의 가치를 분석하여 가치와 가격을 비교해 저평가 종목을 찾아낼 수 있다고 믿는다. 그 이유는 일시적으로 가치와 가격은 일치하지 않을 수 있지만, 중장기적으로는 일치한다고 가정하기 때문이다.

유럽의 전설적인 투자가인 앙드레 코스톨라니는 기업가치와 시장가격을 '강아지와 주인'의 관계로 비유를 했다. 주인이 강아지를 산책시킬 때 강아지는 주인의 앞에 가기도 하고 뒤에서 따라오기도 하고 또 바로 옆에 붙어서 가기도 한다.

　따라서 주인과 강아지의 거리는 산책하는 내내 가까워지기도 하고 멀어지기도 하지만, 산책을 마친 주인과 강아지는 결국 함께 집으로 들어간다. 마찬가지로 기업가치와 시장가격도 그런 관계다. 시장가격이 기업가치보다 높을 때도 있고, 낮을 때도 있지만, 결국 한 방향으로, 같은 금액으로 움직인다는 것이다.

　그렇다. 가격과 가치는 한 방향으로, 같은 금액으로 움직여 나가야만 한다. 즉, 가치를 분석하는 것과 가격을 분석하는 것은 같은 의미다. 특히 과거의 가치와 과거의 가격을 분석할 경우 더욱 그렇다. 성장주의 정의는 앞으로 계속 성장이 예상되는 주식인데, 미래의 성장에 대한 예상은 점쟁이만 가능하므로 과거부터 현재까지의 성장이 중요하다. 따라서 과거부터 현재까지의 재무제표상의 성장을 분석하는 것과 주가의 상승을 분석하는 것은 동일한 종류의 분석이라 할 수 있다.

　좀 더 정확하게 표현하면 가격분석이 더 의미 있는 일이다. 가치분석에는 양적 분석과 질적 분석이 있다. 그러나 재무제표 분석은 양적 분석만 가능한 반쪽 분석이고 여기에 질적 분석까지 해야 성장주에 대한 가치분석이 완벽해지는데 이는 현실적으로 불가능하다. 반면 주가에 양적 가치에 질적 가치가 더해져 있다면 주가를 분석하는 것이 재무제표를 분석하는 것보다 성장주를 찾는 데 훨씬 정확한 방법이라 할 수 있다.

▶ 성장주 차트의 조건

그렇다면 성장주의 차트에는 어떤 특징들이 있을까? 바로 주가가 일정 기간 이상 우상향한 차트라는 특징이 있다. 5년 전보다 3년 전의 주가가 높고 1년 전의 주가보다 오늘의 주가가 더 높다면 그 기업은 계속 성장하고 있다고 볼 수 있다. 마치 키가 멈추기 전까지 매년 계속 성장하는 것처럼 말이다. 우상향으로 주가가 상승하는 차트에 조금 더 구체적으로 조건을 제시한다면 다음과 같다.

❶ 역사적 신고가 경신일부터 1년이 지나지 않은 종목
❷ 역사적 신고가 대비 30% 이상 조정을 받지 않은 종목
❸ 52주 신고가를 경신하고 상승하는 종목
❹ 월봉상 20월선을 지키고 있는 종목
❺ 일봉상 정배열 종목

일단 우상향 성장주들은 신고가 종목이어야 한다. 신고가는 기간에 따라 다르게 불린다. 상장 이후 최고가를 뜻하는 역사적 신고가를 경신하는 종목일수록 성장주일 확률이 높다. 다만 역사적 신

고가를 매일 경신할 수는 없으므로 경신일로부터 조정 기간과 조정폭을 정해줘야 한다.

개인적으로는 신고가 경신일부터 1년 정도의 기간조정과 30% 정도의 가격조정은 성장이 멈추었다고 보지 않는다. 물론 이러한 조건은 불변의 진리 공식이 아닌 대응의 영역이기 때문에 때에 따라 기간조정을 6개월로 짧게 잡거나 가격조정을 20%까지 좁게 잡기도 한다.

역사적 신고가로 계속해서 성장을 거듭하면 정말 좋겠지만 많은 종목이 성장을 멈추고 역성장을 하다가 다시 재성장기에 진입한다. 이럴 때는 52주 신고가 종목을 살펴보면 된다. 특히 52주 신고가 종목 중에서 강한 반등으로 역사적 신고가를 향해 상승하는 종목은 성장주의 반열에 올려놔도 괜찮다.

이평선의 위치는 당연히 정배열이어야 한다. 일간 이동평균선 기준으로 완전정배열이면 최고이지만 단기이평선은 잠깐 붕괴되는 경우도 있다. 월간 이동평균선 기준으로는 52주 신고가의 경우 완전정배열을 이루지는 못하지만 20월선을 지켜준다면 성장할 힘이 있다고 볼 수 있다.

다시 한번 강조하지만, 이 다섯 가지 조건은 내가 그동안 조금씩 수정해온 나만의 조건이다. 이를 토대로 투자자에 따라서 신고가 경신 이후의 조정 기간이나 조정폭 또는 이평선의 배열 등을 수정해나간다면 자신만의 성장주 찾기 조건이 만들어질 것이다.

▶ 성장산업을 찾는
세 가지 방법

앞에서 설명한 방법은 성장 산업과 상관없이 성장주를 찾는 방법이다. 하지만 TOP-DOWN 분석상 성장산업을 찾고, 해당 산업 내의 탑픽 종목을 선택하는 것이 확률적으로 성공할 가능성이 크다. 성장산업에만 성장주가 포함된 것은 아니지만, 성장산업에 속하는 기업이 성장주일 확률이 훨씬 높기 때문이다. 종목 선정을 하는 것에 여러 가지 방법이 있듯이 성장산업을 찾는 것에도 다양한 방법이 있다.

먼저 시가총액 비교법으로 성장산업을 찾을 수 있다. 시가총액은 현재 거래되고 있는 주가에 발행주식 총수를 곱한 금액이다. 즉, 주가가 현재 거래되고 있는 1주의 가격이라면 시가총액은 현재 기업이 거래된다고 가정할 경우 그 기업의 가격을 의미한다. 이때 주의할 점은 시가총액은 기업의 가치가 아니라 기업의 가격이라는 점이다.

시가총액을 비교하는 방법에는 두 가지가 있다. 첫째 같은 업종의 시가총액 상위기업들을 줄 세운 후 기업가치와 기업가격을 비교하는 것. 둘째 시가총액 상위기업들의 순위 변동을 시대별로 비교하면서 현재의 주도산업이 무엇인지 파악하는 것이다.

최근의 시총 상위 TOP 10을 보면 반도체(삼성전자, SK하이닉스), 제약·바이오(삼성바이오로직스, 셀트리온), 4차산업(NAVER, 카카오), 2차전지(LG에너지솔루션, 삼성SDI), 자동차(현대차, 기아) 등 5대 산업이 현재 우리나라에서 가장 시가총액이 큰 산업임을 알 수 있다. 즉, 이 5대 산업이 최근 가장 큰 성장을 한 산업이라고 할 수 있다. 25년 전 시가총액 1위였던 한국전력과 2위였던 포항제철(POSCO)은 시총 10위 밖으로 밀려난 지 오래다. 아마 한국전력이 시총 1위는 물론 시총 10위 안으로 진입하는 날도 다시는 오지 않을 것이다. 그것이 성장산업 기업과 사양산업 기업의 차이라는 것을 반드시 기억해야 한다.

두 번째는 정부 정책으로 성장산업을 찾는 것이다. '정부 정책에 맞서지 마라'는 격언이 있다. 물론 최근 부동산시장을 보면 정부 정책의 의도대로 모두 움직이는 것은 아니지만 말이다. 최근 주식시장에서 주목해야 할 정부 정책은 크게 두 가지가 있다. 첫 번째는 2019년에 나온 '미래 3대 신성장 사업'이고 두 번째는 2020년에 나온 '한국형 뉴딜정책'이다. 여기서 미래 3대 신성장 산업은 비메모리 반도체, 미래형 자동차, 바이오 헬스다. 한국형 뉴딜정책은 디지털 뉴딜과 그린 뉴딜이다.

정리하자면 정부 정책으로 본 5대 성장산업은 비메모리 반도체, 미래형 자동차, 바이오 헬스, 디지털 산업, 그린 산업 등이며, 이 다섯 가지 산업은 시가총액으로 본 5대 산업과 완벽하게 똑같음을 알 수 있다.

시가총액 5대 산업과 정부 정책 5대 산업 비교	
시가총액으로 본 5대 산업	정부 정책으로 본 5대 성장산업
반도체	비메모리 반도체
자동차	미래형 자동차
제약바이오	바이오 헬스
4차산업	디지털 산업
2차전지	그린 산업

마지막 방법은 생활 속에서 시대의 변화를 통해 미래 성장산업을 예측하는 방법이다. 우리는 이미 수년 전부터 4차 산업혁명의

시대라는 용어를 경제 관련 책과 기사 그리고 증권사 리포트에서 볼 수 있었다. 그렇다. 수년 전 세계의 석학들이 예견한 대로 지금은 4차 산업혁명의 시대다.

경제학에서는 한 나라의 GDP가 증가하는 경제 성장기의 이유를 여러 가지로 들고 있다. 그중 가장 크게 경제를 성장시키는 원인을 기술혁신에서 찾는다. 그런데 지금 그 기술혁신의 바람이 수년간 계속 불고 있다. 기술이나 공학에 관심이 없는 사람이라도 4차 산업혁명 시대라는 말을 많이 들어봤을 것이다. 나 역시 최근 수년 동안 많은 리포트와 언론 기사를 통해 4차 산업혁명을 접하면서 기술혁신의 바람을 온몸으로 느끼고 있다.

우리 주변을 살펴보자. 미국의 테슬라의 주가가 급등하기 전부터 국내 얼리 어답터들까지도 테슬라 전기차에 열광했다. 테슬라 주가 급등 초기에는 지속적으로 적자를 내는 기업의 주가가 오르는 것은 투기일 뿐이라는 리포트가 주를 이루었다.

하지만 지금은 어떠한가. 전기차 열풍은 미국의 한 기업인 테슬라에서 시작되어 전 세계 자동차산업의 판도를 바꾸고 있다. 어찌 보면 테슬라의 전기차는 4차 산업혁명의 작은 시작이었을지 모른다. 전기차가 단순히 연료의 미래화만이 아닌 주행의 미래화를 포함한 것이라면 우리는 머지않은 미래에 자율주행차를 타고 다닐 것이다.

또한, 로봇은 어떤가? 우리나라의 경우 반도체 강대국이므로 반도체 관련주 중 반도체산업 자동화 설비 관련주들이 있었다. 이제는 산업로봇에서 의료로봇을 거쳐 인간의 비서, 나아가 인간의 친구가 되어주는 휴먼로봇의 시대가 왔다. 할리우드의 SF영화에 등장하는 미래기술들이 현실화되고 있는 것 있다. 어쩌면 영화에 나온 로보캅(Robocop) 들이 시민을 구해주는 시대를 곧 마주할 수도 있다.

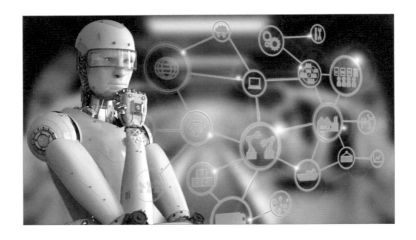

실제로 나 역시 이러한 기술혁신이 이끈 성장주 시대를 몸소 경험한 바 있다. 1999년 초보 투자자 시절에 빌 게이츠의 《생각의 속도》를 읽고 큰 감명을 받았다. 그래서 남들이 건설주를 살 때 인터넷 관련주에 관심을 가지고 투자하기 시작했다. 당시에는 인터넷 혁명이 거품이라는 말도 돌았다. 하지만 나는 인터넷 관련주가 거품을 타고 하늘을 날아 거품이 터지기 전에 수익을 챙겼다. 그때

만약 《생각의 속도》를 읽지 않았더라면 또는 읽었더라도 믿지 않았더라면 젊은 시절 큰 수익을 내는 행운은 나에게 오지 않았을지 모른다. 지금도 마찬가지다. 4차 산업혁명에 대해 알지 못한다면, 또는 알아도 믿지 않는다면 큰 수익을 줄 행운을 제 발로 차는 바보가 될 수도 있다.

2020년부터 2021년까지 거의 2년간은 '코로나의 해'이면서 '성장주의 해'였다고 할 수 있다. 4차 산업 혁명은 코로나 이전에도 진행되고 있었지만, 코로나로 인해 '언택트(Untact)'라는 이름으로 더욱 빨리 가속화되고 있다. 이 상황에서 코로나가 종식된다면 어떻게 될까? 그렇게 되면 언택트에서 콘택트(Contact)로 시장의 관심이 바뀌기보다 언택트에서 코로나 이전인 4차 산업혁명으로 관심이 바뀔 것이다. 즉, 시장에서 콘택트에 관한 관심이 낮아진 것은 코로나 19 때문이 아니라 4차 산업혁명 때문이었다는 점에서 일부 사람들이 기다리는 '콘택트 시대'는 영영 오지 않을 확률이 높다.

INVEST IN GROWTH STOCKS

PART 2

슈퍼개미의
실전투자
노하우

TOP-DOWN으로 분석하라

▶ 탑다운 VS 바텀업

리처드 바크의 소설 《갈매기의 꿈》에는 "가장 높게 나는 새가 가장 멀리 본다."라는 구절이 나온다. 다른 관점으로 본다면 '가장 낮게 나는 새가 가장 자세히 본다.'라는 말도 성립되지 않을까? 이는 탑다운(Top-Down) 방식과 바텀업(Bottom-Up) 방식의 차이를 비교해서 이해하기에 좋은 예다. 탑다운 방식과 바텀업 방식은 관점의 차이고, 보는 시각에 따라서 같은 사물이나 현상을 다르게 바라보고 해석하는 것이라고 할 수 있다.

이러한 두 방식을 주식투자자의 시각으로 바라보면 탑다운 방식이란 '경제분석-산업분석-기업분석' 순으로 위에서 아래로 내려가듯 넓은 범위에서 좁은 범위로 분석하는 것이고, 바텀업 방식이란 '기업분석-산업분석-경제분석' 순으로 아래에서 위로 올라가듯 좁은 범위에서 넓은 범위로 분석하는 것이다.

위에서 아래로 내려오듯 분석하는 탑다운과 달리 바텀업은 전체종목 중에서 한 종목을 집중분석하는 것에서 출발하기 때문에 선택과 집중에서 일단 실패할 확률이 높고, 또한 업종을 고려하지 않은 종목 선정으로 포트폴리오 분산효과를 누리지 못할 수 있다. 실제 많은 투자자가 정말 아무도 관심 없는 종목을 저PER주, 재무제표 우량주라는 이유만으로 매수해서 수년간 변함없는 주가만 바라보며 고생하고 있는 가장 큰 이유가 탑다운 분석을 등한시했기 때문이다.

탑다운 분석의 루틴과 바텀업 분석의 루틴을 알아보고 자신의 투자 루틴과 비교해보면 두 분석의 차이를 보다 명확히 이해할 수 있다. 여기서 루틴이란, '특정한 작업을 수행하기 위한 일련의 과정'이라는 뜻으로 고정된 습관 정도로 이해하면 된다.

먼저 탑다운 분석의 루틴은 다음과 같다.

❶ 국제증시와 환율, 금리, 상품시장을 보면서 세계 경제의 사이클을 확인한다.
❷ 글로벌 경제 내 우리나라 경제의 위치를 파악해본다.
❸ 우리나라 경제 내에서 유망한 업종이 있는지 살펴본다.
❹ 유망한 업종 내 탑픽 종목을 찾는다.
❺ 탑픽 종목의 최적 매수타이밍을 찾아낸다.
❻ 매수 후 언제 매도를 할지 시나리오를 설정해놓는다.

다음은 바텀업 분석의 루틴이다.

❶ 나만의 저평가 우량주를 검색하는 검색식을 만든다.

❷ 검색식에 의해서 저평가 우량주 후보를 찾아낸다.

❸ 저평가 우량주 중에 세밀한 재무제표 진단을 통해서 탑픽 종목을 결정한다.

❹ 탑픽 종목의 최적 매수타이밍을 찾아낸다.

❺ 매수 후 중장기 투자전략으로 기다린다.

사실은 투자자 대다수는 이 두 가지 이외에 막무가내 투자를 하고 있는 것이 현실이다.

❶ 주변에서 종목을 추천받는다.

❷ 늦게 사면 더 오를지도 모르니 분석 없이 당장 산다.

❸ 매수하면서 30% 정도만 수익이 나도 꼭 이익 실현을 하겠다고 결심한다.

❹ 약 10%가 오를 때까지 설레면서 곧 이익 실현의 그 날이 다가온다고 생각한다.

❺ 반락을 시작하면서 매수가 대비 -10% 혹은 -20%가 된다.

❻ '본전은 오겠지'라고 위안하며 '난 장기투자자니까'라고 자기 세뇌를 시작한다.

❼ 타의에 의한 장기투자를 시작하며 투자한 기업이 어떤 기업인지 공부한다.

다소 극단적인 예지만 여태껏 분석 없이 막무가내 투자를 강행하고 있었다면 이제부터 탑다운방식이 얼마나 유용한지 잘 살펴보기 바란다. 물론 바텀업 분석을 했던 투자자도 마찬가지다.

▶탑다운 분석의
유용성

탑다운의 유용성은 크게 세 가지로 설명할 수 있다. 첫째, 성공 투자의 필수요소인 통찰력을 기를 수 있다.

통찰력은 전체를 보지 않고서는 길러질 수 없는데 탑다운 분석은 주식시장 전체를 분석하는 방법이다. 책으로 최소한의 경제용어와 경제이론을 공부한 후 매일 연구와 분석을 통해 통찰력을 기를 수 있다. 통찰력은 스스로가 기르는 것이지, 통찰력 있는 다른 사람에게 전수받는 것이 아니다.

'주식시장은 장기적으로 우상향한다는 것과 다른 어떤 재테크보다 매력적인 수단이라는 것은 변할 수 없는 진리임을 믿자.' 이 문구는 내가 오랫동안 주식시장을 관찰한 결과이자 오랜 시간 통찰한 결과로 만든 문구이다. 나만의 통찰력을 믿기에 주식시장에서 오랫동안 살아남았고 앞으로도 계속 살아남을 수 있다고 믿는다. 또한, 20년 이상의 탑다운 분석은 성장주 투자로 텐배거 종목을 선정할 수 있는 통찰력을 길러 주었다. 성장주에 투자하고 싶다면 당연히 탑다운 분석이 선행되어야 한다.

둘째, 선택과 집중이 가능해진다.

대다수 투자자는 제한된 자금 그리고 제한된 시간의 제약을 받으므로 주식투자에서 선택과 집중은 매우 중요하다. 그렇다면 주식에서 선택과 집중은 어떻게 해야 할까? 먼저 투자대상을 잘 선택해서 나의 모든 자금과 시간을 집중해야 한다.

우리나라 거래소, 코스닥 종목을 모두 합치면 대략 2,000종목이 넘는데 이 종목을 모두 분석하는 것이 아니라, 내가 사고 싶은 업종의 종목을 선택해서 집중하면 어떨까? 종목은 2천 종목이지만 업종은 2천 업종이 아니다. 주요 업종이 대략 30개 정도인데, 30개 업종 중 하나의 업종을 고르는 것과 2천 종목 중에 하나의 종목을 고르는 것을 비교했을 때 어떤 것이 더 편할까? 당연히 전자가 훨씬 편할 것이다. 이렇듯 탑다운 분석을 통해 업종을 선택한다면 종목을 정하는 분석 시간을 아낄 수 있다.

따라서 탑다운 분석을 활용하면 업종을 먼저 선택하고 업종 내에서 리스트 업을 한 종목에 집중이 가능해지면서 경쟁력 있는 종목을 선정할 수 있다. 특히 성장산업을 선택하는 혜안이 생긴다면 성장주 투자 성공에 한 걸음 다가갈 수 있다.

셋째, 최적 포트폴리오 구성이 가능해진다.

탑다운 방식으로 시장에 접근하게 되면 전체적으로 보는 습관이 생기고, 전체적으로 보는 습관이 생기면 어느 업종에 얼마의 비중으로 투자할지 판단이 선다. 포트폴리오의 핵심원리는 분산효과이고, 분산효과의 핵심은 최적의 포트폴리오를 구성하여 개별 리스크인 비체계적 위험을 없애려는 것이다. 이런 기본원리를 생각한다면 업종별 분산투자를 위해 업종별 지수를 매일 또는 매주 확인할 필요가 있다. 종합주가지수와 코스닥지수의 분석으로 현재 시장이 단기·중기·장기적으로 상승장인지 하락장인지를 파악한 후, 업종별 지수를 통해서 지금 어느 업종이 상승업종이고 어느 업종이 하락업종인지를 파악할 수 있다. 이는 바텀업 전략을 기본으로 하는 투자자들이 가장 놓치기 쉬운 부분이다.

탑다운 방식으로 접근하면 자연스럽게 강세 업종, 나아가서 성장산업으로 포트폴리오의 구성이 가능해진다. 시장 전체에 관심을 가지고 업종별 비중을 적절히 조절하여 포트폴리오를 구성하면 투자성과가 더 좋아질 수 있다. 나아가 경기순환을 고려하여 주식과 현금의 비중을 적절히 조절하면 투자성과가 더 좋아질 수 있다고 생각한다.

▶ 트렌드를 읽어라

그렇다면 탑다운 분석으로 최적 포트폴리오를 구축하기 위해서 중요한 업종 선택을 잘하려면 무엇이 필요할까? 시대의 흐름 즉,

트렌드를 읽어야 한다. 주식시장뿐만 아니라 실생활에서도 트렌드 파악은 매우 중요한데, 트렌드(Trend)란 유행 혹은 경향을 뜻하는 말로 쉽게 이야기하면 흐르는 물결이라고 생각하면 된다. 물결이 계속 흐르듯 트렌드 역시 계속 흘러가는데, 너무 물결만을 쫓으면 자신의 정체성을 잃을 수 있고 또 너무 물결에 따라가지 않으면 세상과 동떨어진 사람이 될 수 있다. 인터넷, 방송, SNS가 활발한 현대사회에서 트렌드를 읽는 것은 필수적이다. 이러한 이유로 주식투자자들 역시 트렌드를 읽기 위해 노력해야 한다. 주식투자에서 트렌드를 읽는다는 것은 '시장의 흐름을 읽어내는 것'을 의미한다. 특히 성장주에 투자하기 위해서 시장 트렌드를 읽는다는 것은 기본 중의 기본이다.

트렌드는 주식시장에서 '추세'라는 뜻으로 쓰이기도 한다. 사전적 의미로 추세란, 어떤 현상이 일정한 방향으로 나아가는 경향을 의미하는데 주식투자에서도 같은 의미로 적용된다. 주식투자의 분석, 특히 기술적 분석에서 추세분석은 주식가격이 어떤 방향으로 나아가는지를 분석하는 것이다. 이때 가격이 나아가는 방향은 3가지 밖에 없다. 오르거나, 내리거나, 변함없거나. 이는 상승추세, 하락추세, 비추세 세 가지로 나눌 수 있으며 현재 추세가 세 가지 추세 중 어디에 해당하는지를 분석하는 것이 추세분석이다.

추세가 중요한 이유는 주가가 일정한 방향으로 나아가려는 속성이 있기 때문이라고 할 수 있다. 앞에서 설명한 바와 같이 성장주들은 상승추세일 수밖에 없으므로 추세분석을 잘 하면 성장산업 그리고 성장주 선택에 탁월한 효과가 있다.

▶탑다운 분석을 잘하기 위한 공부법

탑다운 분석을 위해서 경기의 예측이 중요한데 많은 정보를 접하고 해석할 수 있어야 한다. 증권사 리포트나 경제뉴스, 종이신문 등을 끊임없이 봐야 한다. 종이신문의 제목이나 증권사 리포트의 제목만 봐도 시대가 어떻게 흘러가는지 알 수 있다. 여러 경제지표는 물론이고 주로 핫한 테마, 핫한 업종 위주의 분석 글이 많이 나오기 때문에 제목들을 보면 시장이 어떻게 흘러가는지 알 수 있다. 증권사 리포트를 보면서 요즘 애널리스트들이 어떤 경제지표를 중요하게 여기는지 어떤 업종에 치중해서 글을 쓰는지 봐야 한다.

또 경제뉴스도 자주 보면 좋다. 종종 "남들하고 똑같이 경제뉴스를 보는데 초과 수익은 어떻게 얻을 수 있나요?"라고 궁금해하는 투자자들이 있다. 효율적 시장 가설 이론에 따르면 공개된 모든 정보에서 초과 수익을 얻는 것이 불가능하다.

하지만 만약 이 가설을 현실 세계에서 사실로 믿는다면 주식투자를 하면 안 된다. 나는 이 가설을 믿지 않는다. 왜? 초과 수익을 얻고 있으니까. 그럼 초과 수익을 어떻게 얻을 수 있었을까? 바로 뉴스, 리포트 그리고 공시 등을 통해 정보를 보고 합리적인 판단을 하려고 노력하기 때문이다. 주식투자를 하는 사람 백 명 중 열 명이 공개된 정보를 열심히 보고, 열 명 중 한 명이 그 정보의 가치를 합리적으로 판단하려고 노력한다. 즉, 백 명 중 한 명이 정보분석을 제대로 하고 있고 그들이 초과 수익을 얻고 있다는 것이다.

이러한 탑다운 방식을 더 유용하게 이용하기 위한 방법 중 하나는 경제학적인 이해를 높이는 것이다. 기본적으로 경제학적인 용어나 현상에 대한 이해가 부족할 경우 당장 회계학이나 상장기업분석 관련 책을 읽기보다 경제학 원론을 읽어보는 것이 좋다. 경제학 원론 한 권을 정독하고 이해할 수 있는 수준이라면 우리나라의 웬만한 경제신문 기사나 증권사의 거시경제 관련 리포트를 읽고 이해하고 비판할 수 있다.

우리나라 증시에서 외국인들의 성공적인 투자가 오랫동안 지속되는 이유 역시 탑다운 방식과 관련이 있다. 외국인들은 전체 포트폴리오 중 글로벌 투자대상에 대해 자금 배분을 한 후, 나머지 일부분을 우리나라 증시에 투자하는 탑다운 방식을 이용한다. 반면, 국내 투자자들은 한국 주식시장에서 종목 포트폴리오만 운용하는 바텀업 방식을 이용하고 있다.

혹자는 외국인들의 정보력과 기업 분석력을 높이 평가하지만,

사실 그것보다 경제 전체를 바라보는 시각 또는 접근방법의 차이 때문은 아닐까? 선택은 결국 투자자의 몫이지만, 분명히 생각해볼 만한 점이라는 데에는 이견이 없을 것이다.

경기를 읽어라

▶GDP 변화를 보고
경기를 판단해라

주가지수는 경기의 선행지표이므로 경기의 변화를 계속 주목해야 한다. 주목해야 할 가장 중요한 경제지표는 GDP(Gross Domestic Product)이다. GDP는 한 나라에서 일정 기간 생산된 모든 최종 재화와 서비스의 시장 가치로서 총수요와 공급이 만나는 균형점에서 결정된다. GDP와 비슷한 개념으로 국민총생산을 나타내는 GNP(Gross National Product)가 있다. 생산 지역을 중시하는 GDP에는 국내 체류 중인 외국인 근로자의 생산도 포함되지만, 국민의 총생산을 나타내는 GNP에는 해외 체류 중인 한국인의 생산이 포함된다.

과거에는 GNP가 중요한 개념이었지만 이제 글로벌 경제 시대가 되면서 어느 나라 국민이 생산했는지보다 어디에서 생산되었는지가 더 중요한 시대가 되었고 GDP가 더욱 중요한 개념이 되었다.

GDP를 생산 측면에서 보면 한 나라에서 생산된 모든 시장 가치인 총생산을 뜻하며, 지출 측면에서 보면 한 나라에서 지출된 모든 시장 가치인 총지출을 뜻한다. 또한, 소득 측면에서 보면 한 나라에서 발생한 모든 소득의 가치인 총소득을 뜻하므로 국내총생산과 국내총지출 그리고 국내총소득은 모두 같은 의미라 할 수 있다. GDP의 지출 측면을 조금 세분화하여 살펴보면 국민의 소비, 기업의 생산을 위한 투자, 정부의 구매, 그리고 순수출 이 네 가지의 합이다. 따라서 GDP가 올라가기 위해서는 소비, 투자, 정부구매, 순수출이 증가해야 한다.

경기 활성화를 위해 정부가 국민 소비를 활성화하고자 노력하거나 기업의 투자를 유도하고 정부지출을 늘리며 수출산업을 지원하는 이유가 여기에 있다. GDP는 한 나라의 경제 규모를 나타내는 지표이므로 높을수록 좋다. 현재 GDP는 G2라 할 수 있는 미국과 중국이 나란히 1, 2위다. 우리나라는 2021년도 기준 세계 9위를 기록하고 있다.

우리가 주식투자를 할 때 기업의 매출액이나 영업이익 그리고 당기순이익이 증가하는지를 보면서 기업의 성장성을 확인하듯이, 한 나라의 GDP도 직전 연도 대비 증가했는지 하락했는지가 중요하다. 더불어 세계 여러 나라와 비교를 통해 성장률이 높은 편인지 낮은 편인지 살펴보는 것도 중요하다.

경기변동이란, '국민소득을 비롯한 경기지표가 상승과 하락을 주기적으로 반복하며 경제 전체의 충격에 대해 경제 주체들이 반응하는 과정에서 나타나는 현상'을 말한다. 경기변동을 추정할 때 관련 지표들은 시기는 조금씩 다르지만 모두 GDP 중심으로 같은 방향으로 움직인다. 시기에 따른 주요 지표는 다음과 같다.

❶ **경기 선행 변수**: 통화량, 주가
❷ **경기 동행 변수**: 생산, 소비, 투자, 고용
❸ **경기 후행 변수**: 이자율

여기서 통화량이 GDP에 선행한다는 것에 주목할 필요가 있다. 돈의 힘으로 가는 유동성장세에서 투자자들이 기업실적이나 GDP 즉, 실물 경기에 비해 주식시장이 너무 좋지 않은가에 관한 의문을 가지는 경우가 있다. 그럴 때는 통화량과 주식시장이 실물 경기의 선행지표임을 정확하게 이해하기 바란다.

또한, 이자율은 경기 후행 변수다. GDP가 상승하여 물가가 상승거나 GDP가 하락하여 물가가 하락하는 경우, 이자율의 조정으로 경기를 조절하기 때문에 후행 변수라 할 수 있다. 앞서 말한 것처럼 GDP는 '소비+기업투자+정부지출+순수출'이므로 당연히

생산, 소비, 투자, 고용에 관련된 지표는 경기 동행 변수다. 특히 고용은 중요한 지표로 실업자가 증가하면 기업의 투자가 위축되고 개인의 소비가 감소하기 때문에 고용지표를 잘 살펴봐야 한다.

투자자라면 경제뉴스를 매일 확인해야 한다. 이때 기업의 동향이나 산업의 분석기사도 중요하지만, 경기의 선행 변수, 동행 변수, 후행 변수에 관한 기사들이 있다면 꼼꼼하게 읽어보도록 하자. 이런 식으로 경제뉴스를 꾸준히 읽는다면 지금 경기가 호황으로 가고 있는지, 불황으로 가고 있는지에 대한 예측 능력을 빠르게 키울 수 있다.

▶ 인플레이션, 디플레이션, 스태그플레이션의 차이는?

경제지표 중에 GDP만큼 중요한 것이 물가다. 물가의 변동에 따라 이자율 정책이 결정된다. 그렇기 때문에 주식투자자들이 인플레이션이나 디플레이션에 민감하게 반응하는 것이다. 여러 가지 물가지표 중에 가장 중요한 것은 소비자 물가지수 CPI(Consumer Price Index)다. 소비자 물가지수는 기본적으로 기준 연도와 비교해서 재화와 서비스의 가격을 계산한 소비자 물가의 움직임을 가리킨다. 소비자 물가지수가 소비재의 물가를 나타낸다면 생산자 물가지수

PPI(Producer Price Index)는 생산재의 물가를 나타낸다.

물가가 상승한다는 것을 직관적으로 이해하려면 화폐의 구매력 감소를 생각해보면 된다. 10여 년 전의 짜장면 가격과 지금의 짜장면 가격을 비교해본다면 화폐의 구매력이 얼마나 감소하고 있는지 알 수 있다. 화폐의 구매력 감소를 생각하면 금고나 낮은 은행 이자율로 만족하기보다는 투자를 통해 물가상승률 이상의 투자수익률 확보를 위해서 노력하는 것이 더 이득이다.

인플레이션(Inflation)이란, 화폐 가치가 하락하여 물가가 전반적이고 지속적으로 상승하는 것을 의미한다. 인플레이션의 경우 통화량과 관계가 있는데 이자율은 통화량에 영향을 주고, 통화량은 인플레이션에 영향을 준다. 물가가 지속적으로 오르는 현상을 잡지 못하면 소위 말하는 초인플레이션 상황이 된다. 이때 어떤 상황이 벌어질까. 만약 1년 동안 물가가 두 배 오르는 초인플레이션이 온다면 상품과 서비스는 가격이 두 배가 되고, 화폐의 구매력 즉, 화폐 가치는 절반으로 하락한다. 이러한 무서운 인플레이션 상황을 사전에 막기 위해 통화량을 조절하고, 이자율을 조정하는 등의 금리정책을 정부가 펴는 것이다.

그렇다면 물가가 오르는 것만 조심하면 될까? 물가가 내리는 현상인 디플레이션(Deflation)을 생각해보자. 대표적으로 일본의 장기

침체 10년 시기가 있다. 일본이 미국과의 경제전쟁에서 패한 이후 일본의 불황이 시작됐다. 상품, 서비스 물가뿐 아니라 자산시장의 침체가 오래 지속되던 시기다. 물론 인플레이션도 좋은 상황은 아니지만, 디플레이션은 더 나쁜 상황이라고 볼 수 있다. 물가가 내려간다는 건 GDP 성장이 없다는 것이고, 마이너스 성장이 지속되면 소비 위축, 투자 위축 등의 악순환이 계속될 확률이 높기 때문이다.

코로나 시대 이후 뉴스에서 자주 접했던 경제용어 중에 '스태그플레이션'이 있다. 인플레이션이 경기가 호황이면서 물가가 오르는 현상이라면 스태그플레이션은 경기가 불황이면서 물가가 오르는 현상이다. 이런 현상은 수요공급의 원칙상 공급이 감소했을 때 나타나는 현상이다. 코로나 시대에 공장들이 셧다운 되면서 세계 각 산업의 공급량이 줄어들자 경기불황, 물가상승의 스태그플레이션이라는 용어가 많이 등장했다고 이해하면 된다.

TIP 슈퍼개미 이 세무사가 알려주는 토막 상식

스태그플레이션(Stagflation)

스태그플레이션이란 스태그네이션(stagnation; 경기침체)과 인플레이션(inflation)을 합성한 용어로 경제불황 속에서 물가상승이 동시에 발생하고 있는 상태를 의미한다. 1960년대 후반부터 호황·불황에 관계없이 지속해서 물가상승이 계속되면서 나타나게 된 용어로 정도가 심한 경우 슬럼프플레이션(slumpflation)이라고도 한다.

내가 아주 어렸을 때는 500원 정도 하던 짜장면 값이 계속 상승해 1,000원, 3,000원, 심지어 5,000원이 넘는 시대가 되었다. 그러나 여전히 맛있는 짜장면을 사 먹을 수 있다는 것은 그만큼 경제가 성장했기 때문이라고 볼 수 있다. 우리나라의 경제성장률이 높았던 80년대를 떠올려보자. 고도 성장기였던 만큼 물가인상이 잦아 정부에서 여러 품목에 대한 인위적 가격 제한을 시행한 기억이 난다. 반면 최근 수년간 물가인상에 대한 경제뉴스가 과거에 비해 현저히 줄어든 이유는 경제성장률이 너무 낮기 때문이다. 물가는 올라도 걱정, 내려도 걱정, 이래저래 걱정이다. 그러나 '걱정을 해서 걱정이 없어지면 걱정이 없겠네.'라는 티베트 속담처럼 너무 걱정한다고 해결되는 건 없다는 것을 명심하자.

▶ 금리로 경기를 조절한다

주식투자자라면 FED(Federal Reserve System), FRB(Federal Reserve Board), FOMC(Federal Open Market Committee)와 같은 용어를 많이 들어봤을 것이다. 미국의 금리정책을 결정짓는 기구로 국내에는 비슷한 기관으로 한국은행이 있다. 사실 우리나라 주식시장에서는 한국 금리변화보다 미국 금리변화가 더 큰 재료로 반영이 되고 있기 때문에 이런 기구들에 대해서 반드시 알아둘 필요가 있다.

FED	연방준비제도: 미국의 중앙은행
FRB	연방준비제도이사회: FED를 운영하는 7명의 이사
FOMC	연방공개시장위원회: 총 12명으로 구성되어있으며 FRB 이사 7명과 각 지역 연방은행의 총재 5명으로 이루어짐

금리정책은 주식시장, 나아가 한 나라의 경제에 큰 영향을 미친다. 특히 미국의 금리정책은 미국의 경제에 영향을 끼칠 뿐만 아니라 다른 나라의 금리정책에도 영향을 미치기 때문에 더욱 중요하다. 미국은 각각의 주가 합쳐져서 한 나라를 이루는 연방국이다. 각각의 독립적인 주가 있고 그 주들이 모인 연방이 있다. 그래서 연방준비제도와 연방준비제도이사회가 존재하며 이사회 내에서 통화정책을 결정하기 위한 위원회가 경제뉴스에서 자주 언급되는 연방공개시장위원회다.

미국발 글로벌 금융위기 이후에 FOMC의 금리정책을 대략적으로 살펴보면 2008년 12월 제로금리에 진입한 이후 2015년 12월 금리를 0.25bp 인상할 때까지 꼬박 7년간 제로금리 시대가 지속됐다. 그 후 금리 인상 정책을 고수하던 FOMC는 2020년, 코로나 19 팬데믹으로 인해 다시 제로금리로 금리를 인하했다. 그리고 제로금리 기간이 길어지면서 갈수록 인플레이션 우려감이 커지자 2022년부터 금리를 인상할 예정이다. 이런 금리 인상 재료는 주식시장에 악재로서 영향을 미치고 있으니, 주식투자자라면 금리의 변동을 항상 주목해야 한다는 것을 알 수 있다.

FOMC의 금융위기 이후 금리정책 실제 사례를 간단히 살펴보았는데. 이 내용을 통해 금리정책을 어떻게 경기 조절에 이용하는지를 알 수 있다. 금리를 낮춘다는 것은 통화량을 많게 해서 경기를 활성화한다는 것으로 경기가 좋지 않을 때 쓰는 정책이다. 금융위기나 코로나 19 위기에서 금리 인하를 전격 단행하는 것처럼 말이다. 물론 금리 인상은 통화량을 줄이고 경기를 조절하여 물가를 낮추는 효과가 있다. '경기가 좋은데 왜 굳이 경기를 조절하나요?' 와 같은 반응이 나올 수도 있지만, 인플레이션이 너무 심해지면 화폐 가치가 크게 하락하고 한 나라의 경제가 무너질 수도 있다.

경제학자 프리드먼은 '통화량에 의한 화폐적 충격'이 경기변동의 주요 요인이라고 했다. 따라서 한 나라의 경기를 조절하는 데 금리정책은 매우 중요하다. FOMC 회의 관련 뉴스를 보다 보면 '매파'와 '비둘기파'라는 단어가 나오곤 한다. 매파와 비둘기파는 베트남전쟁 당시 처음 나온 단어다. 전쟁을 계속하자는 파를 매파라 부르고 전쟁을 그만두자는 파를 비둘기파라고 불렀다고 한다. 그 단어가 현재까지 이어지면서 정부 정책에 있어서 공격적이고 급진적인 정책을 펴는 무리를 매파, 온순하고 평화적인 방법을 펴는 무리를 비둘기파라고 부른다. 따라서 매파는 금리 인상을 선호하고, 비둘기파는 금리 인하를 선호한다고 보면 된다.

▶환율이 변동하면
누가 돈을 벌까?

예전에는 해외사업을 하는 사업자들 정도만 환율에 관심이 있었다. 하지만 여행 자유화를 거쳐 이제 해외투자가 일상이 된 지금은 전 국민이 환율에 관심을 가지고 있다. 쉬운 예를 들어 환율에 관해 설명해보자면, 우리가 미국 여행을 가기 위해서 1,000달러를 환전한다고 가정해보자. 현재 환율은 1,100원으로 1달러를 환전할 수 있다. 즉, 110만 원이 있으면 미국에 가서 1,000달러를 쓰면서 여행을 즐길 수 있다. 그러나 1,100원이었던 환율이 상승하여(=원화 가치 하락) 1,200원이 된다면 이제는 120만 원이 있어야지 미국에 가서 1,000달러를 쓰면서 여행을 즐길 수 있다. 환율이 상승하면 해외지출이나 해외 물품 수입 시에 소비자들이 더 큰돈이 필요하다는 말이다.

요약하면 환율이 낮을 때(=원화 가치가 높을 때) 해외여행을 가거나 해외 물품을 수입하는 것이 소비자로서 유리하다. 반대로 내가 수출업자라면 어떨까? 환율이 상승하면 달러로 받은 소득이 더 많은 원화로 환전되기 때문에 더 유리하다. 환율이 상승하면 수출업자가 유리하고 환율이 하락하면 수입업자가 더 유리하다는 반비례 법칙을 반드시 기억하자.

　해외주식이나 해외 부동산투자를 할 때는 어떨까? 당연히 달러 자산을 보유하고 있을 때 환율이 상승하면 달러 자산 보유자는 환차익이 발생하므로 자산보유차익과 별개의 이익이 발생할 수 있다. 환율이 상승하면 우리나라 주식시장에는 호재일까 또는 악재일까? 주식시장에 미치는 영향은 환율이 상장기업에 미치는 영향과 외국인 투자자에 미치는 영향 두 가지를 고려해봐야 한다.

　삼성전자를 비롯한 우리나라의 대형주 중에는 수출 비중이 높은 기업이 많다. 따라서 환율상승이 수출업자에 유리하다는 기본적인 관점에서 볼 때 주식시장에 나쁠 이유가 없다. 그러나 반대로 외국인 투자자 입장에서는 자신이 원화 자산을 가지고 있는데, 원화 가치가 떨어지는 게 좋을 리 없다. 환율이 수출기업과 국내시장에 참가한 외국인 투자자들에게 반대로 작용하기 때문에 큰 변동 없이 적정 환율에 머물러 있는 것이 좋다. 그때 그때 다르긴 하지만, 미국 달러는 통상적으로 1,100~1,200원 사이에서 안정적인 움직임을 보이는 경우가 많다.

▶ 증권사 리포트는 좋은 스승

초보 투자자들이 많이 궁금해하는 질문 중 하나가 "주식 공부를 하고 싶은데 무엇을 해야 할지 모르겠어요."이다. 이때 나의 대답은 한결같다. "증권사 리포트 매일 보세요." 나의 첫 주식공부 교재는 증권사 리포트였고, 아직도 나에게 좋은 스승이기 때문이다. 증권사 리포트에는 유능하고 똑똑한 전문가가 연구하고 작성한 다양한 고급 정보가 포함되어 있다. 무조건 안 보면 손해라는 생각으로 열심히 읽어야 한다. 특히 TOP-DOWN 분석을 공부하기에 최고의 교재다. 그렇다면 증권사 리포트에는 어떤 내용이 있을까?

첫째, 글로벌 증시에 관한 내용으로 대부분 미국 증시에 관한 내용이 가장 많다. 국가별 경제 규모를 생각하면 당연하겠지만 유럽 증시, 그리고 일본, 중국 등 아시아 증시에 대한 설명도 있다. 비교적 우리나라보다 후진국에 속하는 아시아 증시는 별로 중요하게 다루어지지 않는다. 경험이 많은 투자자들은 HTS의 지수 차트만 봐도 글로벌 증시 상황을 파악할 수 있지만, 경험이 적은 초보 투자자들은 그렇지 않다.

따라서 증권사 리포트에서 다루는 글로벌 증시 분석을 통해 왜 미국 지수가 떨어졌는지, 지금 글로벌 경제 동향은 어떠한지 파악하는 것은 초보 투자자들이 글로벌 증시 상황을 아는 데 큰 도움이 된다.

둘째, 국내 증시에 관한 내용으로 매매동향을 통해 외국인과 기관이 어떻게 우리 증시를 예측하며 대응하고 있는지를 살펴볼 수 있다. 또한, 우리나라 금리는 어떻게 움직이는지, 원 달러 환율은 어떠한지, 지수 차트는 어떻게 흘러가고 있는지, 선물과 옵션 등 파생시장에서 메이저의 포지션은 어떠한지 등 많은 정보를 알 수 있다. 증권사 리포트에서 국내 증권사가 시황을 어떻게 보고 있는지 매일 살피다 보면 거시적인 시각으로 시장을 바라보는 능력이 높아질 것이다.

이때 특히 중요한 것은 시황을 좋게 보고 있는지의 여부다. 이와 관련된 판단의 근거를 내 것으로 만들어 나가야 한다. 물론 국내 증권사의 시장 전망은 대부분 긍정적이라는 사실을 염두에 두고 리포트를 읽기 바란다. 하지만 증권사 리포트를 자주 접하다 보면 미묘한 뉘앙스 차이에서 보이지 않는 숨은 뜻을 읽어낼 수 있게 될 것이다.

셋째, 산업분석과 종목분석에 관한 내용으로 예전의 증권사 리포트는 산업분석과 종목분석을 각각 다루는 경우가 많았다. 그러나 최근에는 산업분석을 통해 탑픽 종목까지 소개하는 탑다운 방식의 리포트가 늘어나고 있다. 예를 들어 반도체업종이 어떤 상태이고 자동차업종은 어떤 상태인지 설명하며, 그중에 탑픽 종목은 무엇인지 알려준다. 이를 통해 산업 그리고 탑픽종목을 선정하는 증권사 애널리스트의 안목을 배울 수 있다.

다만, 종목분석의 경우 매도보다는 매수에 치중된 리포트가 훨씬 많다는 한계점을 인식하고, 리포트 행간의 의미에 주목하기 바란다. 주식시장은 살아 있는 유기체의 집합체이며, 하루하루가 생방송이다. 이미 쓰인 주식 관련 책에서는 결코 얻을 수 없는 실전적인 지식 습득이 가능하다는 점에서 증권사 리포트를 좋은 스승으로 여기고 매일 읽어나가길 권한다. 이를 통해 매일 주식을 공부하는 성실함을 지켜나갈 수 있을 것이다.

▶ 종목보다
산업 선정이 우선

종목분석 리포트는 관심종목과 추천종목으로 구분할 수 있다. 관심종목은 현재 주가 대비 목표가가 없거나 낮은 주가를 제시한 종목으로, 관심 또는 중립 의견에 대한 정보를 담고 있다. 경우에 따라 매도 의견을 제시하기도 한다. 추천종목은 현재 주가 대비 목표 주가가 높아서 보통 매수 의견에 대한 정보를 담고 있다. 증권사마다 의견이 다를 수 있어, 종목분석 리포트를 읽고 특정 종목에 관심이 생겼다면 다른 증권사의 의견을 함께 살펴보는 것이 좋다.

과거에는 대부분의 종목 리포트가 매수 리포트였다면 최근에는 조금씩 매도 리포트가 늘어나고 있다. 특히 외국계 증권사의 매도 리포트가 주가에 미치는 영향이 크다는 점을 기억해야 한다. 외국계 증권사의 매도 리포트는 경우에 따라 달라진다. 그러나 최근에는 단기적으로 악재 효과가 나오며 주가가 급락하고 시간이 흐르면서 주가를 회복하는 패턴이 자주 등장하고 있다. 따라서 증권사들의 목표 주가 또는 적정 주가는 단순한 추정치에 불과하므로 크게 중요한 정보로 받아들일 필요는 없다. 오히려 종목 자체보다 종목 선정 이유와 종목분석 방법에 관심을 가지는 것이 중요하다.

증권사 리포트를 보는 이유는 '공부'하기 위해서다. 리포트를 통해 추천해주는 종목으로 수익을 내는 것도 중요하지만, 종목 선정 방법을 배우고 이를 토대로 스스로 종목을 선정하는 투자자가 되어야 한다.

증권사 리포트 종목을 매수 종목으로 선정할 때 주의할 사항은 무엇일까? 증권사 리포트는 공개된 정보이므로 반영정보인지, 미반 영정보인지를 분석한 다음 판단해야 한다. 정보가 공개될 때 무조 건 팔아버리는 것이 아니라 공개된 정보가 주가에 이미 반영되었는 지를 확인한 후, 주가에 반영된 정보일 경우에만 팔라는 뜻으로 해 석해야 한다. 이렇듯 정보를 확인할 때는 반드시 공개와 미공개, 반 영과 미반영 여부를 구분해야 하며, 이는 증권사 리포트의 종목분 석을 볼 때도 당연히 적용된다.

증권사 리포트의 종목분석을 볼 때 실적 시즌인지 아닌지에 따 라 다르게 볼 필요가 있다. 실적 시즌에는 대형주들의 실적이 나오 면 증권사 대부분이 실적에 대한 분석을 리포트로 내기 때문에 중 복 추천이 매우 많다. 반면 비실적 시즌에 특정 종목에 대해 여러 증권사의 리포트가 나오는 경우가 있는데, 우호적인 리포트가 다 수라면 기업에 좋은 변화가 일어나리라는 징조로 해석 가능하다.

일반적으로 산업분석을 한 뒤 그 산업의 탑픽 종목을 지목하는 경우와 일반 종목분석만 하는 두 가지 방식이 있다. 최근에는 산업 분석과 더불어 탑픽 종목을 선정하는 형식으로 양질의 리포트가 많이 나오고 있다. 강세장의 가장 큰 특징 중 한 가지가 시장을 주도하는 업종테마에서 대장주가 흐름을 이어나가는 것이기 때문이다. 따라서 증권사 리포트를 볼 때는 종목분석보다 산업분석에 더 관심을 가져야 한다. 유망 산업과 산업 내 탑픽 종목 찾기를 연습하는 것이 정말 중요하다.

업종은 종목에 비해 맞추기가 훨씬 쉽다. 강한 업종은 며칠만 시장을 관찰해도 충분히 알 수 있다. 주도업종은 잘 선택했지만 업종 내 종목을 잘못 선정했을 경우에 두 가지 대처 방법이 있다. 하나는 그냥 가지고 있는 것이다. 순환매가 돌기 때문에 그냥 가지고 있어도 괜찮다. 어떤 한 업종이 큰 시세가 분출될 때는 계속 여러 호재가 나오면서 업종 내 순환매가 나오기 때문이다. 그래서 아직 안 오른 종목을 보유하고 있다면 순환매를 기다리는 전략도 나쁘지 않다.

반면 '어, 나는 좀 발 빠르게 움직이는 게 좋은데 이렇게 재미없게 가만히 있는 건 답답해서 안 되는데'라고 생각하는 스타일의 투자자들은 종목교체를 고려하는 것이 좋을 수도 있다. 당연히 내가 보유한 종목이 움직이지 않아서 갈아타는 것이기 때문에 빨리빨리 움직이는 주도주 쪽으로 갈아탄다는 뜻이다. 가장 많이 오른 게 주도주기 때문에 주도주를 찾는 건 안 오른 종목 찾기보다 훨씬 쉽다.

▶HTS에서 매매동향을 파악하자

주식을 하는 사람이라면 누구나 HTS(Home Trading System)를 이용하지만, HTS를 잘 활용하는 투자자는 많지 않다. HTS에서는 많은 정보를 얻을 수 있는데, 그러기 위해서는 스스로 여러 메뉴를 이용해 보고 필요한 메뉴를 찾아야 한다. 정말 많은 메뉴가 있는데 그중에서도 매매동향, 거래대금상위종목, 상승률상위종목, 하락률 상위종목, 역사적 신고가종목 등은 꼭 보았으면 하는 추천메뉴이다. 특히 매매동향은 의미 파악이 매우 중요하다.

매매동향이란 외국인, 기관, 개인 3대 매매 주체의 순매수 및 순매도 동향을 뜻한다. 매매동향이 중요한 이유는 다음과 같다. 매수하려는 수요가 매도하려는 공급보다 많으면 주가가 오른다. 많은 투자자가 주식 분석을 하는 이유는 앞으로 주가가 오를 만한 종목을 찾기 위해서다. 가치투자자들이 가치분석을 하는 이유 역시 현재 가치에 비해 주가가 저평가된 종목을 찾아내는 것이고, 재료 매매자들이 정보를 분석하는 이유는 미반영정보의 종목을 찾는 것이다.

차티스트들이 차트를 분석하는 이유 역시 차트가 매력적인 종목을 찾기 위해서다. 즉, 이유는 여러 가지지만 공통적으로 '앞으로 수급이 좋아질 것 같은 종목'을 찾기 위해 분석을 한다는 말이다.

그러나 매매동향 분석은 앞으로 수급이 좋아질 것 같은 이유를 알기 위해서가 아닌, '현재 누가 사는가?' 즉, 현재 수급의 주체를 알기 위해 하는 것이다.

먼저 개별 종목이 아닌 시장 전체의 매매동향을 살펴볼 수 있다. 매매하는 대상은 개인, 기관, 외국인으로 다양하지만, 이러한 매수 주체 중 외국인의 매수세가 가장 중요하다. 여기에는 두 가지 이유가 있다. 첫째 외국인은 개인보다 경제를 판단하는 시야와 정보력 면에서 크게 앞서 있다. 둘째 외국인의 자금은 대체로 중장기 투자의 성격이기 때문에 순매수 자금이 국내에 새롭게 유인되는 자금일 확률이 높다.

개인이 사고파는 자금은 내국인의 예수금이고 기관이 사고파는 자금 역시 펀드에 가입한 내국인 개인 돈이거나 법인의 돈이다. 개인과 기관의 경우 순매수가 나오면 머지 않아 순매도로 돌아설 확률이 높고, 반대로 순매도는 언젠가 순매수로 전환 될 가능성이 크다.

그러나 외국인은 기관 또는 개인과 달리 국내에 국한되어 투자하지 않고 전 세계의 투자처에 자금을 배분하여 어느 국가에 중장기적으로 투자할지 결정하기 때문에 자금의 성격이 다르다. 물론 단기적인 헤지펀드(Hedge Fund)도 있지만, 그조차 국내 개인이나 기관의 투자와 견주어 보면 중장기로 볼 수 있다.

이런 이유로 해외에서 유입되는 외국인 순매수는 국내 증시의 수급에 좋은 영향을 미친다. 즉, 외국인이 추세적인 순매수를 이어 나가는 장은 강세장일 확률이 높다. 이는 높은 확률로 외국인들의 자금이 장기적으로 유입될 때 대세 상승장이 된다고 볼 수 있다.

그렇다면 외국인들은 보통 언제 순매수를 할까? 첫 번째는 국 내 주식시장의 전망이 좋다고 판단될 때고, 두 번째는 환율이다. 원 화 가치가 낮을 때 주식을 매수해서 원화 가치가 높을 때 팔면 주 가 상승으로 인한 수익과는 별개로 환차익이 발생하기 때문이다. 따라서 종합적으로 매매동향이 주식시장에 미치는 긍정적인 영향 은 외국인, 기관, 개인의 순이라고 할 수 있다.

개별 종목별 매매동향을 체크할 때는 외국인이나 기관이 많이 매수한 종목, 또는 외국인과 기관이 동시에 순매수한 종목은 '쌍끌 이 순매수'라고 하여 좋은 신호로 본다. 특히 쌍끌이 순매수가 들 어온 종목은 주의 깊게 살펴봐야 한다. 외국인과 기관이 동시에 순 매수하는 종목을 찾는 것은 HTS를 통해 얻을 수 있는 고급 정보 중 하나로 잘 다듬으면 훌륭한 매매법으로 발전시킬 수 있다.

외국인이나 기관의 매매동향을 볼 때는 연속 일수와 순매수 규 모를 확인하는 것이 중요하다. 매수와 매도를 반복하는 것이 아니 라 추세적으로 매수하는 연속성이 있을수록, 적은 금액이 아닌 큰 금액으로 매수할수록 주가에 긍정적인 영향을 미칠 것이다. 이처럼 연속 일수가 많은 경우 증권사 창구 분석을 통해 매수 주체의 증권사 창구를 찾을 수 있고, 매수 주체가 된 증권사에서 매도할 경우 빠르게 대처할 수 있다. 또한, 연속적으로 매수하는 주체가 있을 때 해당 종목은 하방 경직을 확보하는 경우가 확률적으로 높다. 이는 외국인이나 기관의 순매수 종목뿐만 아니라 세력이 들어온 종목도 유사하다.

▶코스피200을 관찰하면 알 수 있는 것

우리나라 주식시장에는 거래소와 코스닥이 있다. 거래소가 코스닥보다 훨씬 오래된 시장이며, 시가총액도 훨씬 크다. 따라서 당연히 거래소 지수가 경제를 나타내는 지수로서 더 중요하며, 거래소의 대표 선수 200종목으로 구성된 것이 코스피200이다.

코스피200은 거래소 전 종목 중 시가총액이 높고 거래량이 많으며 업종을 대표하는 200종목을 선정해 지수화한 것을 말한다. 이 지수는 KOSPI200 선물 및 옵션의 기초자산이다. 외국인과 기관은 현물과 선물 차익 거래가 많기 때문에 코스피200 지수를 살펴보는 것은 지수 예측에 매우 중요하다. 선물 옵션 등 파생상품을 거래하는 투자자에게는 더욱 중요하다.

코스피200에 포함된 종목의 주가 움직임이나 시가총액 순위 변동을 보면 현재 주가 움직임이 좋은 업종과 그렇지 않은 업종을 알 수 있다. 관심이 있는 업종이 있다면, 업종별 탑픽 종목의 움직임을 파악할 때도 코스피200 종목의 분석은 유용하다. 시가총액이 높은 종목과 주가 상승률이 높은 종목으로 업종별 탑픽 종목을 파악할 수 있기 때문이다.

즉, 대다수의 업종별 탑픽 종목은 코스피200 종목이라고 생각하면 된다. 예를 들어 반도체의 삼성전자, 제약·바이오의 삼성바이오로직스, 자동차의 현대차 등이 각 업종의 대표 종목이 된 것은 각 업종에서 시가총액 1위이기 때문이다.

마지막으로 코스피200에 편입되거나 제외되는 종목은 그 주가가 영향을 받게 된다. 시가총액이 상승하여 코스피200에 신규 편입되는 종목은 기관과 외국인이 매수해야 하기 때문에 편입이 거론될 때부터 편입 초기까지는 쌍끌이 순매수가 들어온다. 그러나 일정 물량을 확보한 후에는 비중을 조절하는 경우가 있다.

반대로 코스피200에서 제외되는 종목은 기관과 외국인이 매도하므로 주가가 단기간 흘러내리지만, 매도가 끝난 수에 악성 매물 해소를 바탕으로 의외로 주가가 급등하는 경우도 있으니 주의해야 한다.

가치분석으로
종목 선정

▶ 가치분석의
중요성

맛있는 식당을 선정하는 기준은 여러 가지다. 맛은 당연히 있어야 하고, 이왕이면 가격이 비싼 집보다는 싼 집, 서비스가 불친절한 집보다는 친절한 집이 우리가 좋아하는 맛집으로 소문이 날 확률이 높다. 맛, 가격, 서비스의 삼박자가 딱 맞아떨어져야 진짜 맛집인 것처럼 종목을 선정할 때도 삼박자가 맞아야 한다.

주식투자에서 삼박자가 맞는 종목이란 가치, 가격, 정보, 세 가지 분석의 결괏값이 모두 합격점 이상을 받을 수 있는 종목을 뜻한다. 나에게 삼박자 분석 중 가장 중요한 분석이 뭐냐고 묻는다면 내 대답은 언제나 같다. "가치분석이 가장 중요합니다."

만약 가치분석(재무제표 분석)을 등한시한다면 어떤 일이 벌어질까? 기업가치가 형편없는 부실주를 매수하게 되는 경우 매수 종목이 감자에 들어가거나 심지어는 관리종목에 편입하게 된다. 최악의 경우에는 상장폐지까지 당하게 되는 불상사가 발생해서 공든 탑이 하루아침에 무너질 수 있기 때문에 주의해야 한다.

재무제표 분석이 중요한 것은 알고 있지만 많은 투자자가 이를 힘들어하고 있다. 그 이유는 명확하다. 회계학 공부를 접해 본 적이 없기 때문이다. 재무제표 분석을 위해서는 재무상태표와 손익계산서 그리고 현금흐름표의 각 숫자가 무엇을 의미하는지, 나아가서 계정과목의 숫자들이 어떻게 계산되는지를 알아야 하는데 회계학적 이해가 없이 재무제표 분석을 한다는 것은 불가능하다.

따라서 회계학적 지식이 없는 투자자들은 재무제표 분석의 눈높이를 낮추고 최소한도의 분석이라도 하려고 마음을 먹자. 어렵다고 아예 안 하는 것보다 최소한의 것만이라도 하자고 생각하는 것이 훨씬 낫다는 것이 나의 주장이다.

가장 최소한의 재무제표 분석은 적어도 기업이 흑자가 나는지, 적자가 나는지 체크 하는 것과 적자가 발생하고 있다면 그 기간이 얼마나 지속되고 있는지 여부이다. 가급적 흑자기업에 투자해야 하며, 영업 적자가 2년 이상 나고 있는 기업이라면 투자를 피해야 한다.

또 하나 꼭 체크해야 할 것은 자본잠식 여부이다. 자본잠식이란 자산보다 부채가 커서 순자산이 음수를 갖게 되는 경우를 말한다. 이 경우 무상감자 가능성이 매우 크고 관리종목 편입이나 나아가서 상장폐지 가능성이 있으니 무조건 투자를 피해야 한다. 가치분석을 하고 재무제표를 공부하는 것은 저평가된 우량 회사를 찾는 목적도 있지만, 부실기업에 투자하는 리스크를 최대한 줄이기 위해서다.

따라서 아무리 재료가 좋고 차트가 예쁘더라도 재무제표를 보면서 적자 지속기업, 자본잠식 기업을 확인해야 한다. 주식투자는 수익을 내는 것도 중요하지만 손실이 나지 않는 것이 더 중요하다. 잃지만 않으면 기회는 다시 온다. 그러나 잃고 나면 기회조차 사라진다는 것을 명심하자.

위의 최소한의 재무제표 분석에 추가로 재무상태표와 손익계산서에서 성장성과 수익성 그리고 안정성 비율을 체크해보고 우량하다고 판단되는 경우에 PER을 포함한 시장지표를 확인함으로써 매수 가능성을 판단하는 연습을 계속해나가면 부실주를 피하고 우량주를 찾을 수 있다.

▶ 안정성, 성장성, 수익성을 체크하자

첫째, 안정성을 체크하자.

재무상태표란 특정 시점(회계 기간의 기말 시점)의 재무상태를 나타내는 표로 자산, 부채, 자본으로 구성되어있다. 자산은 자금을 운용하는 것이고 부채와 자본은 자금을 조달하는 것이다. 즉, '자산=부채+자본'으로 부채는 남의 돈, 자본은 나의 돈이며 이 두 가지를 합한 것이 자산이라고 생각하면 된다. 자산은 즉시 비용이 되거나 앞으로 비용이 되어 수익을 발생시킨다. 이러한 비용과 수익 항목이 손익계산서에 기록되고 수익이 비용보다 크면 이익이 남는 구조이다.

자산과 자본, 부채 중 가장 주의해야 하는 부분은 자산이다. 비용으로 계상되어야 할 부분이 자산으로 계상되거나 역사적 원가로 계상되어야 할 부분이 시장 가치로 계상되면서 자산이 과대계상되는 경우가 있기 때문이다. 자산의 과대계상은 대부분 이익의 과대계상으로 나타나고, 이는 기업가치를 과대평가하게 되어 향후 주식투자자에게 막대한 손실을 입히는 요인이 되니 주의해야 한다.

부채는 남의 돈을 빌렸기 때문에 앞으로 갚아야 할 돈으로, 자산과 달리 부채의 평가는 어려울 것이 없지만, 주식투자자들에게 부채 금액은 매우 중요하다. 기업의 안정성을 평가할 때 부채비율을 매우 중요하게 고려해야 하기 때문이다.

재무상태표의 마지막 항목인 자본은 자본금, 자본잉여금, 이익잉여금 등으로 이루어져 있다. 이익잉여금은 영업 활동으로 인한 이익의 내부 유보분을 의미한다. 자산-부채=자본(순자산)이라는 식은 항상 성립하는데 자산보다 부채가 커지게 되면 자본잠식상태가 된다. 자본잠식상태까지는 가지 않더라도 부채의 비중이 너무 높으면 이자 부담이 가중되고 상환 불능 부도 위험이 커지기 때문에 부채가 자본 대비 너무 많은 기업에 대한 투자를 피해야 한다.

이를 위해서 부채비율을 체크해야 한다. 부채비율=부채/자본×100인데, 업종에 따라 다르지만 100%를 기준으로 부채가 자본보다 크다면 투자에 주의를 기울여야 한다.

이처럼 안정성 비율은 회사의 재무상태가 얼마나 안정적인지 측정하는 지표로, 부도나 파산 가능성의 높고 낮음을 판단할 수 있다. 안전성 비율 중에서 부채비율과 유동비율은 재무상태표에서 이자 보상 비율은 손익계산서에서 계산할 수 있다. 회사가 망하는 이유는 대부분 빚을 갚지 못해서이기 때문에 안정성 비율에서 가장 중요하게 고려해야 하는 것은 부채비율이다.

부채비율은 자본에 대한 부채의 비율로 수치가 낮을수록 좋다. 단, 무부채 기업이 안정성 측면에서는 좋은 기업이지만, 부채로 조달한 자금으로 이자보다 높은 영업이익을 창출할 수 있다면 수익성 측면에서는 부채 기업이 좋을 수도 있다. 과도한 부채와 이자는 기업의 안정성을 해치지만 적절한 부채 조달은 기업의 수익성과 성장을 높이는 도구가 될 수 있음을 기억하자.

둘째, 성장성을 체크하자.

손익계산서란 일정 기간의 경영 성과를 나타내는 표로 수익과 비용으로 구성되어있다. 수익에서 비용을 뺀 것을 이익이라고 하는데 이익은 매출 총이익, 영업이익, 당기순이익으로 구분하여 계산한다. 구조를 간단히 이야기하자면 매출액에서 직접적으로 대응되는 비용인 매출원가를 빼면 매출 총이익이 나온다. 또 매출 총이익에서 판매비와 관리비를 빼면 영업이익이 된다. 마지막으로 영업이익에서 금융수익과 기타 수익 및 법인세 비용을 고려하면 당기순이익이 산출되는 구조다. 이러한 손익계산서의 계산 구조를 이해하면 손익계산서에서 가장 중요한 수치가 매출액, 영업이익, 당기순이익임을 알 수 있다.

손익계산서의 가장 상위에는 매출액이 있는데, 과거에 비해 당기순이익보다 매출액의 중요성이 점점 높아지고 있다. 매출액은 판매량×가격으로 계산한다. 따라서 매출액이 늘어나려면 판매 수량이 증가하거나 판매 가격이 인상되어야 한다. 판매 가격의 인상은 시장의 형태와 기업의 가격 결정권 여부에 따라 달라지고 판매 수

량은 사회적, 계절적, 산업적 영향을 고려해 제품의 질과 마케팅에 따라 달라진다.

이렇게 중요한 매출액은 당해 사업연도의 절대치 보다 직전 사업연도와 당해 사업연도의 비교 수치인 매출액 증가율이 높은지 여부가 주식투자자에게는 훨씬 중요하다.

매출액 증가율 = (당기매출액 - 전기매출액)/전기매출액×100

매출액이 증가한다는 것은 그 기업이 성장하고 있다는 가장 확실한 증거로 특히 수년간 지속해서 매출액이 증가한다면 기업의 성장에 대한 신뢰도가 매우 높은 경우라 할 것이다.

셋째, 수익성을 체크하자.

위에서 정의한 바와 같이, 영업이익은 매출 총이익에서 판매비와 일반 관리비를 뺀 것을 의미한다. 판매비는 기업의 판매 활동에서 발생한 비용이고, 관리비는 기업의 일상적인 유지 및 관리를 위한 비용으로 급여, 복리후생비, 접대비, 광고 선전비, 연구 개발비, 감가상각비 등이 있다. 판관비 항목 중에서도 인건비와 감가상각비가 큰 비중을 차지한다.

영업이익의 숫자만으로 분석할 때는 영업이익의 분기별 변동 여부, 영업이익률의 가감 등의 항목을 중요하게 봐야 하지만, 조금 구체적으로 볼 경우 판매와 일반 관리비 항목을 주의 깊게 확인해야 한다.

영업이익이 중요한 이유 중 하나는 코스닥 종목의 경우 영업 손실이 사업연도로 4년 연속이면 관리종목에 편입되고 5년 연속이면 상장 폐지되기 때문이다. 그리고 이를 판단할 땐, 연결 재무제표가 아닌 별도 재무제표가 기준이 되며 기술 성장 기업부에 해당하는 종목은 예외라는 점을 주의해야 한다.

그렇다면 왜 당기순손실이 아니고 영업 적자로 관리종목이나 상장폐지를 결정할까? 영업이익은 매출 총이익에서 판관비를 차감한 것으로 영업 활동과 직접적인 관련이 있는 이익이기 때문이다. 반면 당기순이익에는 비경상적이고 비반복적으로 발생하는 기타 수익까지 반영된다. 기업은 영업 활동에서 수익을 극대화하여 기업 가치를 증가시키는 것이 목적이므로 영업이익이 지속적으로 나는 것이 중요하다.

관리종목 편입이나 상장폐지의 가능성이 큰 종목을 피하고 자 영업 적자 지속 여부도 살펴봐야 하지만, 영업이익이 나는 기업의 경우 영업이익률이 얼마나 높은지도 반드시 체크해야 한다. 나의 경우 업종에 따라 달라지지만, 영업이익률 10% 이상을 기준으로 해서 20% 이상이면 굉장히 수익성이 우수한 기업이며, 30% 이상이면 자세히 재무제표를 검토해야 하고 40% 이상이면 매수 종목으로 선정해도 좋은 종목일 확률이 매우 높기 때문에 삼박자로 분석을 하여 큰 문제점을 발견하지 못한다면 매수 결정을 쉽게 내리는 편이다.

▶ PER을 정확히 이해하자

기업의 가치평가 방법에는 여러 가지가 있는데 그중 하나가 바로 상대가치 평가다. 상대가치 평가란 기업가치를 비율로 수치화해 두 기업 이상의 가치를 비교하는 것이다. 두 기업 이상의 가치를 비교하기 위해서는 기준이 있어야 하는데 그 기준이 시가총액이다.

가치 비율의 경우 누가 구해도 같은 값이 나오며 각각의 비율이 시가총액 대비 순이익, 순자산, 순현금흐름 등을 나타낸다는 점에서 상황에 따라 적절하게 사용할 수 있다는 장점이 있다. 특히 초보 시절에 재무제표를 봐도 비율 계산을 하지 못하거나, 계정과목의 의미를 전혀 모르는 경우에 우선 비교적 쉬운 시장 가치 비율만이라도 정확하게 이해하고 찾아보는 습관을 지니면 좋다.

대표적인 시장 가치 비율에는 PER이 있다. 시가총액을 순이익으로 나눈 값이며 동시에 주가를 주당순이익으로 나눈 값이기도

하다.

PER(주가수익비율) = 주가/주당순이익 = 시가총액/당기순이익

PER은 당기순이익과 관련된 지표로 그 이외의 것은 전혀 고려하지 않으므로 기업의 성장성을 전혀 반영하지 못한다. 그뿐만 아니라 CEO의 능력 등 질적분석을 반영하지 못하는 것은 물론이다. 즉, 실적 측면에서만 접근했을 때는 저PER주가 고PER주보다 당연히 유리하지만, 다른 조건을 고려한다면 여러 가지로 해석이 가능하다. 그래서 동종업계끼리 PER을 비교하면서 자산가치를 포함한 다른 재무가치와 성장성, 질적분석 등을 고려하여야 한다.

성장주 투자자라면 특히 PER의 개념을 정확히 이해해야 한다. PER에는 미래의 성장성과 전망이 전혀 반영되어있지 않다. 따라서 그 기업의 미래가치가 성장할 가능성이 높을수록 주가가 올라가지만, 현재의 당기순이익은 주가에 비해 형편없이 낮을 수 있다. 우리는 이를 고PER주라고 한다. 반면 그 기업의 미래가치가 하락할 가능성이 높을수록 주가가 떨어지지만 현재의 당기순이익은 주가에 비해 굉장히 높을 수 있다. 우리는 이를 저PER주라고 한다.

100%는 아니지만, 굉장히 높은 확률로 성장주는 고PER주이고, 역성장주는 저PER주일 수 있다. 이를 기억하고, PER은 이익 대비

주가 수준이라는 정의에 충실히 해석하고 현재 이익 이외에 미래의 성장성, 기업의 신사업 진출이나 신제품 출시, 나아가 CEO의 자질 등도 늘 함께 보는 훈련을 하기 바란다.

▶자동검색기능으로 내 맘에 드는 종목 골라내기

재무제표가 내 맘에 쏙 드는 우량주에 투자하고 싶다면 어떻게 해야 할까? 일단 거래소와 코스닥 전체종목 2천 개 중에 제일 좋은 종목을 선택해야 한다는 상황을 가정해보자. 2천 종목 중에서 제일 좋은 재무제표를 가진 기업을 찾기 위해서 전자공시시스템 사이트에 들어가서 2천 종목의 사업보고서를 다 보려면 얼마나 걸릴까? 하루에 다섯 종목을 본다고 가정하면 1년에 1,825종목을 볼 수 있다. 2천 종목을 다 보려면 1년이 넘게 걸린단 얘기다.

결론은 정기공시인 사업보고서를 분석하는 방법으로는 적당히 우량한 종목을 찾을 수는 있어도 2천 종목 중에 나만의 기준에 맞는 최고 종목을 찾는 것은 불가능하단 이야기다. 그래서 중요한 것이 HTS의 조건검색 기능을 활용하여 종목 스크리닝을 하는 것이다.

위에서 언급한 안정성, 성장성, 수익성 등의 재무비율에 PER과 같은 시장 비교지표들을 이용해서 2,000종목 중에서 내 입맛에 맞는 우량주를 짧은 시간 안에 찾을 수 있다. 여러 가지 조건들을 자유자재로 넣고 빼고를 반복해서 5~10개의 종목이 선정되면 그 종목들의 재무제표를 정밀분석하고, 정보를 분석하고, 차트를 분석하면 재무제표에서 출발해서 삼박자가 완벽한 종목 찾기가 완성된다.

아주 간단히 검색조건을 넣고 자동검색을 하는 예를 들면 아래와 같다.

▶HTS 조건검색 기능을 이용한 자동검색 입력 예

A. 시가총액: <현재가기준> 200십억원 이하

B. 매출액증가율: <최근결산기의 전년대비 증감률> 10% 이상

C. 영업이익증가율: <최근결산기의 전년대비 증감률> 10% 이상

D. 영업이익률: <최근분기> 10% 이상

E. 순이익증가율: <최근결산기의 전년대비 증감률> 10% 이상

F. PER: <최근결산> 20배 이하

G. PBR: <최근결산> 1배 이하

H. 부채비율: <최근결산> 100% 이하

A and B and C and D and E and F and G and H

성장성, 수익성, 안정성 등 여러 지표를 기준으로 조건 검색식을 만든 예인데, 각자의 성향에 따라 넣고 싶은 비교지표의 수치와 조

건들을 자유자재로 넣는 연습을 하면 성장주, 가치주, 고배당주, 자산주 등 여러 모델의 자동검색식을 만드는 수준까지 실력이 향상될 것이다. 이 글을 읽는 지금 이 순간 오늘부터 10개의 모델을 만들겠다는 결심을 하고 실행에 옮겨보자. 주식투자 성공의 절대 요인 중 하나는 실행력이다.

HTS 조건검색 기능을 이용한 자동검색 실행 실제 화면

▶이동평균선이 의미하는 것

　주식투자로 돈을 벌 수 있는 방법은 내가 산 가격보다 더 비싼 가격에 파는 것이 유일하다. 가격이 변하지 않는다면 절대 돈을 벌 수 없다. 가격의 변동성을 정확히 알고 이해해야 주식투자에서 성공할 수 있는데 가격의 변동성을 분석하는 것이 가격분석이다. 경제학에서 말하듯이 자본주의의 모든 시장에서는 수요공급의 법칙에 따라 가격이 결정된다. 상품시장에서는 상품의 가격, 고용시장에서는 노동의 가격인 임금, 외환시장에서는 화폐의 가격인 환율이 결정된다. 마찬가지로 주식시장에서는 주식의 가격인 주가가 그렇게 결정된다. 이렇게 중요한 가격은 수요공급의 법칙에 의해 결정되는데 그 변동성은 어떻게 추적하고 예측할 수 있을까?

가격분석은 차트에서 이루어지므로 차트 분석이라고도 하며, 차트 분석의 가장 기본은 이동평균선이다. 이동평균선이란, 일정 기간의 주가를 산술 평균한 값인 주가 이동평균을 차례로 연결한 선으로 줄여서 이평선이라고도 한다. 이평선의 경우 분, 일, 주, 월, 연간 등의 단위가 있으며 각기 다른 기간의 평균값을 나타낸 선과 현재 주가 움직임과의 관계를 분석해 미래의 주가 움직임을 예측하는 지표로 사용한다.

기간별 이평선 중 일간 이평선의 종류와 각각의 의미에 대해서 살펴보자. 5일 이평선은 보통 심리선이라고 표현하는데 투자자의 심리가 모여 있는 선이라는 뜻이며 심리에 의해 좌지우지되는 경향을 보인다.

20일 이평선은 생명선으로 표현한다. 단기적인 주가 흐름에서 20일 이평선을 하향돌파하면 시장이 이를 매우 안 좋게 받아들이기 때문이다. 따라서 차트는 생명을 지키기 위해 20일선에서 강력한 지지선을 형성한다.

60일 이평선은 수급선이라고 표현한다. 3개월 정도의 중기적인 흐름은 시장의 수급에 의해 움직인다고 해석하기 때문이다.

120일 이평선은 경기선이라고 표현한다. 장기 이평선은 심리나 수급보다 경기가 좋고 나쁨에 따라 움직인다고 보는 것이다.

즉, 5일 이평선은 일주일, 20일 이평선은 한 달, 60일 이평선은 분기, 120일 이평선은 반기의 평균값을 나타낸다고 보면 된다. 따라서 단기 이평선보다는 중장기 이평선의 기울기가 늘 완만하다. 기본적으로는 일봉차트를 보면 되고, 중장기 투자를 하는 경우에는 주봉, 월봉, 연봉 이평선을 참조하고 단기매매를 하는 경우에는 1분, 5분, 30분 등 분봉 이평선을 참조해야 한다.

　이평선 분석에서 가장 중요한 개념은 정배열과 역배열이다. 여기서 배열은 순서와 비슷한 말로 정배열은 순서가 바로 되어 있는 것을, 역배열은 순서가 거꾸로 되어 있는 것을 의미한다. 완전 정배열이란 이평선의 위치가 위에서부터 5, 20, 60, 120일선이 순서대로 배열된 것을 뜻한다. 즉, 단기, 중기, 장기 이동평균선 순으로 차례로 나열된 상태를 말하는 것이다. 반면 역배열은 120, 60, 20, 5일선이 위에서부터 반대로 배열된 상태를 말한다.

　정배열의 경우 오래된 평균값보다 최근 평균값이 위에 있다는 것은 최근 주가가 올랐다는 뜻으로 요즘 회사가 좋아졌다고 판단할 수 있다. 역배열은 정배열과 반대로 생각하면 되니 최근에 회사가 안 좋아져 주가가 많이 나빠졌다고 판단할 수 있다. 반면 평균회귀의 법칙을 믿고 일시적 하락이라 판단하여 역배열 차트를 좋아하는 역발상 투자의 영역도 존재한다. 그래도 내가 좋아하는 차트는 정배열 차트인데 특히 성장주 투자를 할 경우에는 무조건 정배열 차트를 찾아야 한다.

　이평선은 추세를 파악하고 지지선과 저항선을 쉽게 결정할 수 있다는 점에서 굉장히 중요하다. 추세의 경우 이평선의 배열과 각도를 통해 파악할 수 있다. 단기 이평선이 장기 이평선보다 위에 위치하는 정배열인 경우 상승추세가 자리 잡은 것으로 보고 추가로 상승할 확률이 높다고 판단한다. 반대로 단기 이평선이 장기 이평선보다 아래에 있는 역배열인 경우 하락추세가 자리 잡은 것으로 보고 추가로 하락할 확률이 높다고 판단한다.

이러한 추세 판단은 기술적 분석에서 가장 중요한 내용이며 이평선 분석으로 가장 쉽게 파악할 수 있다. 지지선과 저항선 역시 마찬가지로 이평선으로 파악할 수 있다. 지지선은 주가 상승추세에서 저점과 저점을 연결한 선으로 더 이상의 주가 하락을 막는 역할을 한다. 반면 저항선은 주가 하락추세에서 고점과 고점을 연결한 선으로 더 이상의 주가 상승을 막는 역할을 한다.

통상적으로는 작도법으로 저항선과 지지선을 그리지만 이평선으로 간단하게 대체할 수 있다. 상승추세에서는 주가의 밑에 있는 이평선이 지지선 역할을 하고 하락추세에서는 주가의 위에 있는 이평선이 저항선의 역할을 한다. 물론 이를 역이용해 일반적으로 이평선으로 가장 중요한 추세를 확인하고 지지선과 저항선을 설정할 수 있다는 점에서 이평선이 얼마나 중요한지 알 수 있다.

▶ 차트분석의 핵심은 추세파악과 변곡점 찾기

차트 분석에서 가장 중요한 용어가 바로 추세와 변곡이다. 어떻게 보면 우리가 차트 분석을 하는 최종 목적은 추세를 이해하고 추세의 끝인 변곡점을 잡아내려는 데 있다.

먼저 추세에 대해 알아보자. 추세는 어떤 현상이 일정한 방향으로 나아가는 경향, 한 방향으로 가고자 하는 힘이다. 추세는 상승추세와 하락추세 그리고 비추세로 구분된다. 이 세 가지 추세 중에서 상승추세의 종목을 매수해야만 수익이 날 확률이 높다. 왜냐면 큰 물결의 흐름상 변곡점이 나오기 전까지는 상승을 지속하는 것이 상승추세이기 때문이다. 반면 하락추세의 종목은 상승추세의 종목보다 싸 보이는 장점이 있지만, 반등의 시점인 변곡점을 정확하게 잡아내지 못할 경우 매수 후 지속해서 주가가 흘러내리면서 손실이 날 확률이 높다.

다수의 실패한 투자자들의 공통점 중 하나가 싸 보인다는 이유로 하락추세의 종목을 상승추세의 종목보다 더 좋아했다는 것이다. 반면 상승추세, 하락추세와 달리 아직 추세를 형성하지 못한 비추세의 경우 한방향으로 나아가지 않고 일정한 박스권에서 등락을 반복하기 때문에 매수매도 타이밍을 잡기 어렵다. 물론 이론적으로는 비추세의 저점에서 매수, 비추세의 고점에서 매도를 하면 수익이 나는 것은 당연하다.

추세의 신뢰도에 영향을 미치는 변수에는 기간, 기울기의 각도, 지지 또는 저항의 횟수가 있다. 먼저 긴 기간의 움직임이 추세의 신뢰도를 높인다. 또한, 이평선의 기울기가 커질수록 추세의 힘이 세다는 것을 뜻하며 역시나 신뢰도가 높다고 할 수 있다. 마지막으로 상승추세에 지지의 횟수가 많을수록 반대로 하락추세 시 저항횟수가 많을수록 신뢰도가 높아진다. 신뢰도가 높다는 건 그 추세를 오랫동안 유지할 확률이 높다는 의미이기도 하다.

추세를 관성의 법칙과 비교하곤 하는데 추세에도 관성의 힘이 작용한다. 무거운 물체가 빠른 속도로 오랫동안 움직일 때 그 방향으로 가고자 하는 관성이 커지듯, 추세의 기간이 길고 기울기가 클수록 추세의 힘도 더 커진다. 추세의 신뢰도에 이은 다음 특징은 한눈에 읽혀야 한다는 점이다. 추세의 방향과 기울기를 한눈에 보고 상승추세나 하락추세에 관한 판단이 가능해야 한다. 추세분석의 가장 큰 장점이 쉽게 추세를 파악하고 해당 추세에 편승해 매매하는 것이므로 추세가 애매할 경우 비추세로 보는 것이 좋다.

추세를 상승과 하락, 비추세 세 가지로 구분하는 기준은 방향성이다. 그러나 때로 방향보다 움직임의 크기가 중요할 때가 있는데 이 움직임의 크기를 변동성이라고 한다. 추세분석을 할 때 방향성뿐 아니라 변동성도 함께 보는 것이 좋다.

변동성은 상승추세에서 상승의 각도 혹은 하락추세에서 하락의 각도라고 생각하면 된다. 상승추세를 유지하는 여러 종목을 찾았다면 상승 각도가 더 큰 종목을 비교해보는 것이 좋다. 상승 각도가 큰 종목일수록 변동성이 크므로 단기수익이 더 높을 확률이 크기 때문이다.

추세는 단기, 중기, 장기 등 기간에 따라 구분할 수 있다. 기본적으로 장기추세가 주된 추세이지만, 장기추세 속 단기추세는 기간마다 다르게 나타날 수 있다. 따라서 투자자는 각자의 투자형태에 따라 단기, 중기, 장기 등의 추세를 따로 보아야 한다.

사실 추세는 한눈에 파악하기가 쉽지만 변곡은 누구도 정확하게 읽을 수 없다. 추세는 진행 중에 파악할 수 있지만, 변곡은 지나야만 알 수 있다. 만약 추세의 마지막 점인 변곡점만 알 수 있다면 하락추세의 마지막 끝 지점인 변곡점에서 매수해 상승추세의 마지막 끝 지점인 변곡점에서 매도할 수 있을 것이다. 그렇게 되면 이른 시일 내에 엄청난 부자가 될 수 있겠지만, 여전히 그 누구도 변곡점을 정확히 알지 못한다. 실제로 변곡점을 잡아내는 프로그램을 판매한다면 100% 사기라고 생각하면 된다. 변곡점을 잡아내는 프로그램이 있다면 이미 100조 부자가 되었을 것이다.

추세를 파악한 후에는 추세에 따른 매매 기법을 이용해 실제적인 매매를 해야 한다. 상승추세 종목을 매수할 때는 두 가지 방법이 있는데 먼저 주가가 장기 박스권의 상단을 돌파할 때 매수하는 것이다. 박스권의 고점 또는 저항선을 돌파했을 때 매수하는 것으로 전고점을 뚫거나 신고가를 갱신했을 경우가 이에 해당한다.

다른 방법은 상승추세를 유지하다 반락하여 지지선 근처까지 조정했을 때 매수하는 방법이다. 이 두 가지의 경우 전고점을 뚫기 전이나 지지선 전에 매수하면 예측 매수, 전고점을 뚫은 후나 지지를 받은 후에 매수하면 확인 매수라고 한다.

상승추세에서 매도할 경우 대천정에서 하락으로 전환하는 변곡점에서 팔면 좋겠지만 불가능하므로 변곡점 전에 올라가는 어깨에서 예측 매도하거나 변곡점 후에 내려오는 어깨에서 확인 매도해야 한다. 하락추세의 경우 언제 매수해도 손실이 나기 때문에 원칙적으로는 매수하면 안 된다. 그러나 대바닥 변곡점을 잡기 위해 매수하려 한다면 하방 경직을 확보해야 한다. 추가하락이 멈추고 횡보하는 구간에서 매수하되, 주가가 전저점을 이탈할 경우 즉시 기계적인 손절매를 해야 한다. 즉 가짜바닥이 아닌 진짜바닥을 확인하고 매수해야 한다는 뜻이다. 마지막으로 비추세의 경우 상승과 하락이 잘 구분되지 않는 애매한 구간이다. 따라서 상승과 하락이 반복되며 박스권이 형성되는데 박스의 저점에서 매수하고 고점에서 매도하는 것이 유일한 매매법이라 할 수 있다.

이러한 추세매매는 성장주 투자에 매우 중요한 것이므로 반드시 이해하고 실행해야 한다. 성장주는 이미 성장하고 있는 종목이므로 주가가 올라가고 있는 상태여야 하고, 그렇다면 상승추세를 형성하고 유지되고 있는 종목이기 때문이다.

▶ 슈퍼개미가 좋아하는 차트 유형

다양한 차트 중에서도 내가 좋아하는 차트의 4가지 유형을 소개하면 다음과 같다.

첫 번째로 좋아하는 차트 유형은 '완전 정배열 상태에서 직전 최고가를 돌파하면서 신고가를 갱신하는 차트'이다. 1년간의 신고가인 52주 신고가와 상장 이후 최고가인 역사적 신고가가 중요한데 역사적 신고가가 더 큰 의미가 있다. 특히 신규 상장주는 차트가 새롭게 시작한 지 얼마 되지 않아 역사적 신고가가 더 쉽게 갱신될 수 있으므로 눈여겨볼 필요가 있다.

신규 상장주의 경우 상장 이후 고점에 가까워질수록 관심 종목의 매수는 돌파 직전 예측 매수와 돌파 이후 확인 매수 중 선택해야 한다. 예측 매수의 장점은 낮은 가격에 매수가 가능하다는 것이고 단점은 신고가 돌파가 실패로 끝날 수 있다는 것이다.

완전 정배열 상태에서 신고가를 갱신하는 차트 예 - LG이노텍

　두 번째로 좋아하는 차트 유형은 '완전 정배열 상태로 우상향하면서 이평선에서 눌림목 조정을 받으며 상승하는 차트'이다. 아무리 상승추세가 강해도 매일 오르는 종목은 없다. 상승추세 중 조정을 받을 때 가장 강력한 지지선 역할을 하는 것이 이평선이다. 정배열 상태에서 이평선의 눌림목 조정 이후 상승할 확률이 높으려면 완전 정배열이 지속된 기간이 길고 상승 각도가 가파르게 유지되어야 한다.

완전 정배열 상태로 눌림목 조정을 받으며 상승하는 차트 예
- 일진머티리얼즈

　　세 번째 차트 유형은 '완전 역배열에서 바닥을 찍고 정배열로 전환하고 있는 차트'이다. 단, 여기서 바닥이 진짜바닥인지 가짜바닥인지는 지나고 난 뒤에 확실히 알 수 있다는 치명적 단점이 있다는 걸 유의하자. 정배열 종목보다 성공 확률이 높지 않지만 성공할 경우 수익률이 높은, 그야말로 '고위험 고수익' 차트다. 쌍바닥 혹은 다중 바닥을 다지면서 저점을 높인 차트여야 하며 바닥을 다진 기간이 길고 반등하면서 이평선 돌파 시도 횟수가 많을수록 신뢰도가 높다. 그러나 매수 후 다시 전저점을 깨고 내려갈 확률이 높아지면 손절매를 각오해야 한다.

완전 역배열에 정배열로 전환하고 있는 차트 예 - 현대글로비스

　　마지막 차트 유형은 '완전 역배열에서 정배열 전환 진통과정을 거치고 정배열에 성공하여 완전 정배열에 막 진입한 차트'이다. 완전 정배열 초입 국면에서 중장기적으로 정배열을 유지하면서 안정적으로 우상향하기 위해서는 이격이 벌어지는 확산 과정이 나오거나 전고점을 돌파하여 신고가로 진입하는 모습을 보여야 한다.

완전 역배열에서 정배열 전환에 성공해 완전 정배열에 진입한 차트 예
- 메지온

앞서 이야기한 네 가지 차트는 내가 좋아하는 순서대로 나열하였는데, 다시 살펴보면 완전 역배열에서 정배열 진통과정을 거쳐 완전 정배열에 진입한 뒤 눌림목 조정으로 우상향하다 역사적 신고가를 갱신하는 차트의 일생을 보여주는 것이기도 하다. 20년 이상 성장주 투자와 상승추세 정배열투자를 주력으로 하다 보니 역배열보다 정배열투자의 장점을 극대화 시키는 전략을 지키고 있다.

지금 이 책을 읽는 여러분도 이를 기회 삼아 자신이 좋아하는 차트 유형이 무엇인지, 왜 좋아하는지에 대해 생각해보고 '내가 좋아하는 차트'를 만들어 나갈 것을 추천한다.

▶자동 돌려보기를 통해
예쁜 차트를 찾아라

거래소와 코스닥 전 종목의 차트를 빠르게 분석해서 아직 변곡점까지 상승할 여력이 많이 남아있는 상승추세의 종목을 쉽게 찾는 방법은 무엇일까? 앞 장에서 설명한 자동검색기능을 이용해서 찾을 수 있다. 봉의 형태나 패턴, 그리고 이동평균선의 위치 등 여러 가지 조건을 자유롭게 넣을 실력이 된다면 이러한 과정을 통해서 약 5~10개의 종목 정도를 추려낼 수 있다. 그 후 삼박자 분석을 통해 최고의 종목을 선정하면 된다.

추가로 한 가지 방법이 더 있는데 자동 돌려보기로 전 종목을 돌려보는 것이다. 2,000종목의 재무제표를 보는 데는 1년 이상이 걸리지만, 2,000종목의 차트를 보는 시간은 100분이면 충분하다. 주식투자를 처음 했던 20여 년 전에 초보 때는 HTS 자동 돌려보기 기능을 이용해 전 종목을 매일 돌려보았었다. 3초 간격으로 2,000종목을 모두 돌려보는 시간이 6,000초, 즉 매일 100분이면 전 종목의 차트를 다 돌려볼 수 있다.

이렇게 전 종목을 돌려보면서 종목 차트를 한눈에 보았을 때 내 맘에 쏙 드는 예쁜 차트를 5~10종목을 뽑아내어 삼박자 분석을 해나가면 되는 것이다. 물론 여기에서 중요한 것은 어떤 종목이 예쁜 차트인지 뽑아낼 수 있는 눈이다.

내 경험에 비추어 봤을 때 매일매일 차트를 돌려보면 차트를 보는 눈이 길러진다. 그림을 책으로 배우지 않고 그림을 보면서 배우고, 음악을 책으로 배우지 않고 음악을 들으면서 배우듯이 차트 또한 책으로 배우기보다 차트를 보면서 배우는 것이 가장 좋은 방법이라고 생각한다.

차트가 점, 선, 면으로 이루어진 그림이라는 측면에서 봤을 때, 조건검색 기능보다 자동 돌려보기 기능을 이용하는 것이 전체를 보면서 직관을 높일 수 있는 좋은 방법이라고 본다. 여기에 하루 100분이라는 시간적 한계를 극복하고 싶다면, 자동 돌려보기 범위를 가능 시간에 따라 거래소나 코스닥, 또는 업종별로 한정하여 이용할 수 있다. 추천하고 싶은 것은 KOSPI 200종목을 매일 보는 것이다. 600초면 된다. 하루 10분을 투자하면 당신의 인생이 달라질 수 있다.

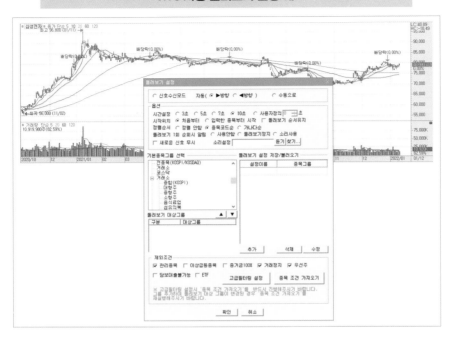

PART 2 슈퍼개미의 실전투자 노하우

정보분석으로
종목 선정

▶ 텐배거는
정보분석에서 나온다

주식투자자들의 꿈이 있다. 단기매매자들의 꿈은 상한가, 장기투자자들의 꿈은 텐배거다. 상한가 또는 텐배거는 어떻게 잡을 수 있을까? 어떤 종목이 상한가 또는 텐배거가 되려면 주가의 변동성이 커져야 하며 주가의 변동성은 재료에서 나온다. 종목에 강력한 호재가 나왔을 때 그 호재가 단기적이라면 상한가로 직행할 것이고, 그 호재가 장기적이라면 일정 시간이 지난 뒤 텐배거 종목이 탄생하는 것이다.

만약 당신이 주식투자를 하는 기간 동안 상한가 또는 텐배거를 가져본 적이 없다면 장담하건대 정보분석을 소홀히 하는 투자자였을 확률이 매우 높다. 20년 이상 주식투자를 하면서 많은 텐배거를 경험하였고, 상한가 매매기법을 완성하여 상한가 종목을 밥 먹듯이 잡아본 경험자로서 자신 있게 말할 수 있다.

오늘날 우리가 살아가고 있는 세상은 정보로 가득하다 못해 정보가 넘쳐나는 세상이 되었다. 그만큼 정보가 중요해지고 있으며 주식시장도 예외가 아니다. 정보는 그 종류가 굉장히 다양한데 그중에서도 크게 공개정보와 미공개정보, 반영정보와 미반영정보, 개별 종목 정보와 시정 전체정보로 구분할 수 있다.

먼저 공개정보와 미공개정보를 살펴보자. 공개정보란 말 그대로 공개된 정보로 공시나 언론사 뉴스, 증권사 리포트를 의미한다. 반면 미공개정보는 두 가지 의미가 있는데 법적 의미의 미공개정보는 자본시장법에 따른 미공개 중요정보를 뜻하며 이를 이용해 주식거래를 할 경우 불법행위가 된다.

이 책에서 이야기할 미공개정보는 모두에게 동시에 공개되지 않은 정보를 뜻하는데 공개정보를 제외한 온갖 채널을 통해 전해지는 공식적으로 공개되지 않는 정보를 말한다. 흔히 말하는 찌라시, 주식 카페, 주식 블로그, 주식 단톡방, 지인을 통한 소문 등이 이에 해당한다.

반영정보와 미반영정보는 정보가 주가에 반영되었는지의 여부로 구분한다. 이는 정보가 공개된 시점에서 최근의 주가 상승 여부를 통해 반영 여부를 확인할 수 있다. 차트를 보면서 최근 주가의 움직임에 선취매의 흔적과 주가 상승의 모습이 있다면 반영정보, 전혀 흔적이 남아있지 않고, 주가도 오르지 않았다면 미반영정보라고 판단하면 된다.

마지막으로 정보는 개별 종목 정보와 시장 전체정보로 구분할 수 있다. 시장 전체 정보란, 시장 전체에 영향을 미치는 정보로 대표적인 예로는 미국의 9.11테러가 일어났을 때 미국 증시뿐만 아니라 전 세계 증시가 폭락했던 것이 있다. 개별 종목 정보는 하나의 종목 또는 개별 산업에 국한된 정보를 의미한다.

예전에는 시장 전체정보가 매우 중요했는데 지수가 하락하면 거의 전종목이 하락, 지수가 상승하면 거의 전종목이 상승하는 날도 많았다. 하지만 지금은 과거에 비해 시장의 변동성이 크다고 해도 종목들이 전체적으로 같은 움직임을 보이지 않는다. 이는 곧 지수의 변동성이 갈수록 낮아지고 있으며 개별 종목 재료가 더욱 중요해졌다고도 해석할 수 있다.

우리가 가장 중요하게 생각할 정보는 무엇일까? 그건 바로 공개되었지만, 아직 주가에 미반영된 개별 종목 정보이다. 그런데 많은 주식투자자가 이 사실을 모른 채 오늘도 찌라시 등을 쫓아다니며 미공개된 정보를 수집하는 데 모든 노력을 기울이고 있다.

미공개정보의 가장 큰 단점은 나만 아는 정보가 끝까지 나만 아는 정보로 끝날 수도 있다는 점이다. 미공개정보가 큰 수익으로 연결되려면 사실로 확정되면서 공개정보가 되어야 하는데 그 확률은 매우 낮다.

또 하나의 단점은 나만 아는 은밀한 정보라는 것에 끌려서 소위 '미수몰빵'을 하게 되는 경우가 많아서 굉장히 큰 리스크에 노출될 수 있다는 점이다.

▶찌라시보다는 공개정보가 중요하다

공개정보 중에는 대표적으로 증권사 리포트, 언론사 뉴스, 전자공시시스템의 공시가 있다. 이중 증권사 리포트는 앞에서 이미 설명했으므로, 여기에서는 뉴스와 공시에 대해 조금 더 자세히 살펴보도록 하자.

뉴스를 생성하는 기관을 언론사라고 부르는데 과거에는 종이 신문이나 TV를 통해서만 뉴스를 접할 수 있었다. 하지만 인터넷의 시대가 열리면서 이제는 뉴스 이용자의 90%가 인터넷을 통해 뉴스를 접한다고 한다. 심지어 그중 75%가 포털사이트의 뉴스 섹션을 이용한다고 하니 이제 스마트폰 하나만 있으면 어디서든 뉴스를 볼 수 있는 세상이 온 것이다.

그러나 포털사이트를 통해 뉴스를 검색할 경우 삼류 찌라시 언론사의 뉴스를 사용자가 직접 걸러내야 한다는 단점이 있다. 물론 주류 언론사가 항상 옳은 정보를 제공하는 것은 아니지만 여타의 삼류 신문보다 신뢰성이 높다는 건 부인할 수 없는 사실이다. 특히 주식투자자는 일반 뉴스와 달리 경제뉴스를 검색하는 경우가 많으므로 경제 전문 언론사에 대해서 미리 파악해둘 필요가 있다. 경제 관련 뉴스를 검색할 때 효율적인 검색 순서는 다음과 같다.

먼저 사용하고 있는 각 증권사 HTS의 종합시황뉴스에서 검색하고자 하는 키워드를 입력하거나 클릭해 어떤 정보가 영향을 미치고 있는지 검색한다. 해당 과정을 통해 핵심 키워드를 도출해 내면 포털사이트에 세분화된 핵심 검색어를 넣어 2차로 검색한다. 중요한 점은 핵심이 되는 키워드를 통해 빠르고 효율적으로 정보를 찾는 능력을 길러야 한다는 것이다.

이를 통해 뉴스를 검색했다면 반드시 뉴스의 사실 여부를 확인해야 한다. 뉴스와 뉴스가 아닌 것을 구분하고 뉴스인 것이 확인되면 출처를 확인해 언론사의 신뢰도를 고려해야 한다. 즉, 뉴스에 나온 종목 정보를 사실이라고 바로 단정 짓지 말고 여러 뉴스를 종합적으로 고려해 사실 여부를 판단하는 것이 중요하다.

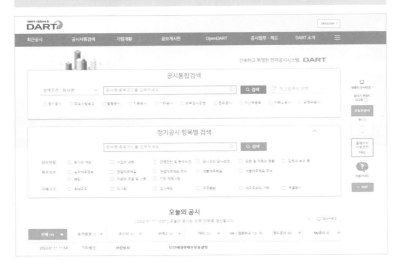

전자공시시스템(DART)의 홈페이지 메인 화면

공시의 경우 금융감독원 전자공시시스템(DART; Data Analysis, Retrieval and Transfer System)을 통해 열람할 수 있다. DART는 상장법인 등이 기업의 주요 사업 정보를 공시 서류를 통해 금융감독원에 제출하고 투자자 등 이해관계자가 제출 즉시 인터넷을 통해 조회할 수 있도록 하는 종합적 기업공시 시스템이다. 가치분석의 기반이 되는 재무제표, 기타 기업이 공시하는 중요한 정보를 얻기 위해서는 반드시 DART라는 창을 통해 보이는 풍경을 열심히 살펴야 한다.

다트 사이트의 공시는 대분류상 정기공시, 주요 사항 보고, 발행 공시, 지분 공시, 기타 공시 등으로 구성되어있다. 이중 가장 기본적이며 중요한 공시는 정기공시인데 일정한 기간에 기업의 사업 내용, 재무 상황, 경영 실적 등을 정기적으로 공시하는 것이다. 정기 공시의 경우 1년에 4번의 보고서를 통해서 이루어지는데 4분기에 연간 보고서의 개념인 사업보고서, 2분기에 나오는 반기 보고서, 1, 3분기에만 나오는 분기 보고서 등으로 구분된다.

정기공시를 포함하여 중요한 공시들은 기사 등으로 다시 이차적인 재료가 되기도 한다. 주로 기사화되는 공시로는 조회 공시 요구가 있다. 일종의 시장 감시 시스템으로 주가가 갑자기 급등했을 때 한국거래소에서 투자자를 보호하기 위해 주가에 영향을 미칠만한 현저한 시황 변동이 있었는지 상장법인에 확인해 공시하도록 한 제도다. 또 다른 주요공시로는 주식 등의 대량 보유 상황 보고서가 있다. 이 공시는 투자자가 대량으로 주식을 보유하게 되어 보유 지분이 전체 주식의 5%가 넘으면 의무적으로 해야 한다. 이 외에도 기사로 나오는 중요 공시에는 무상증자, 유상증자, 무상감자, 유상감자, 기업합병, 기업분할 등이 있다.

▶ 생활 속에서는
나도 애널리스트

앞에서 이야기한 다양한 정보들은 모두 주식투자자가 적극적으로 주식투자에 성공하기 위해 자료를 수집해야 얻을 수 있는 정보다. 하지만 일상생활 속에서 자연스럽게 접하게 된 정보가 더 중요한 경우가 있다. 이를 생활 속의 정보라고 하는데, 뉴스와 소비 그리고 업무활동 이 세 가지로 구분해서 설명해보겠다.

뉴스를 통한 정보수집부터 알아보자. 누구나 일상생활을 하면서 매일 자연스럽게 뉴스를 접하게 된다. 이때 주식투자자라면 방송이나 신문 기사 혹은 온라인 콘텐트 등을 통해 뉴스를 접할 때 그냥 흘려듣지 말고 주식투자와 연관 짓는 연습을 해야 한다. 즉, 창의력과 통찰력을 가지고 주식투자와의 관련성을 계속 생각하고 찾아내야 한다는 뜻이다.

연상법을 사용해서 처음 본 뉴스를 당장 주식투자와 연결 짓기는 쉽지 않다. 하지만 실제 상승률 상위종목 분석을 통해 재료 가치가 컸던 뉴스를 나중에 확인하고 공부해 나가다 보면 특정 뉴스가 주가에 영향을 미치는 크기를 가늠할 수 있게 될 것이다.

소비를 통해서도 정보를 얻을 수 있다. 생산 활동을 하지 않는 사람은 있을 수 있지만, 소비 활동을 하지 않는 사람은 이 세상에 단 한 명도 없다. 이러한 소비 활동을 통해 쉽게 얻는 정보 중에도 주식투자와 관련된 정보를 찾을 수 있다. 주식투자자로서 일상생활에서 소비할 때 제품이나 서비스를 제공하는 회사가 상장기업인지 관심을 두는 것이 첫걸음이다. 우리가 소비하는 제품을 만드는 제조기업 또는 서비스 기업이 상장기업인지 아닌지 미리 알아둔다면 주식과의 연관성을 떠올리는 연습이 더욱 쉬워질 것이다.

또한, 아직 소비하지 않았더라도 히트상품으로 떠오르는 상품에 주목해야 한다. 마트나 백화점의 진열대를 보면 쉽게 파악할 수 있는데, 잘 팔릴수록 눈에 잘 띄는 위치에 진열하기 때문이다. 주변의 사용 후기나 평가, 지인들의 평이나 입소문에 주목하는 것 역시 도움이 된다. 소비를 통해 얻은 정보에서 히트상품과 관련하여 그 회사의 주식을 매수하려고 고려하고 있다면 그 회사의 총매출액에서 히트상품의 매출 비중을 확인해야 한다. 히트상품의 매출 비중이 클수록 주가에 큰 영향을 준다.

마지막으로 자신의 업무영역에서 주식투자와 관련된 정보를 얻는 경우가 있다. 업무 관련 정보는 매우 중요한데 자신의 업무와 관련된 업종은 주식시장 내에서 자신이 가장 잘 알고 있는 업종이므로 주식투자 성공 확률이 매우 높다.

물론 법적 제한 대상인 내부 정보가 아니어야 함은 너무도 당연하다. 업무상 만나는 주변 사람들과의 대화에서부터 모임 혹은 거래처에서 만나는 직원, 사장의 정보 등을 통해 업종의 상황이나 업종 내 회사들의 상황을 남들보다 먼저 남들보다 쉽게 파악할 수 있다.

다만, 이런 정보에는 문제가 하나 있다. 바로 사람들이 자신이 속한 업종에서 종목 선정을 잘 하지 않는 심리가 있다는 점이다. 그러니까, 남의 떡이 더 커 보이기 때문이라고나 할까. 본인이 속한 분야를 너무 잘 알기 때문에 다른 투자자에게 좋아 보이는 종목일지라도 업종 종사자에게는 매력이 떨어지는 경우가 대다수다.

생활 속의 주식투자 정보가 반영되거나 매수 결정까지 이르는 속도는 뉴스, 소비, 업무의 순이다. 뉴스는 다수에게 빠르게 전파되는 완전 공개정보이며 소비는 완전 공개정보는 아니지만, 소비자라면 다 아는 정보다. 반면 업무를 통한 정보는 관련 종사자들이 가장 먼저 아는 정보라는 특징이 있다. 이를 통해 생활 속 주식투자 정보의 반영 속도에는 다수가 아는 정보일수록 빠르게 반영된다는 심리와 논리가 숨어 있음을 알 수 있다.

▶급등하는 종목의 재료를 확인해라

정보분석에서 중요한 것은 제한된 시간 내에서 중요한 정보만 추려내 분석하는 것이다. 그리고 중요한 정보만 추려내 볼 수 있는 가장 좋은 방법은 당일 상승한 종목의 정보를 확인하는 것이다. 주식시장에서 중요한 정보란 주가 상승에 영향을 미친 정보이기 때문이다. 과거에는 상한가 종목이 매일 30여 종목이라 상한가 종목만 분석해도 중요정보를 파악하고 시장의 흐름을 읽어낼 수 있었다. 하지만 이제 상한가 종목이 하루에 몇 종목 나오지 않기 때문에 상승률 상위종목을 살펴보아야 한다.

일간 상승률 TOP 30종목을 매일 분석하면서 동일 업종 종목과 동일 테마주 종목을 묶는 연습을 하다 보면 오늘 테마주의 상승 흐름이 보일 것이다. 이렇게 며칠에 걸쳐 흐름을 따라가다 보면 시장의 흐름과 강세 업종 테마의 추세를 읽을 수 있게 된다.

강한 업종테마를 분석할 때 업종 내에서 상승 종목이 하나만 있으면 개별 종목 재료로 혼자 상승한 것이고, 여러 개라면 업종 테마 전체 재료로 동반 상승한 것으로 해석할 수 있다. 테마주가 상승했다면 테마주 중에서 강한 종목을 직접 공략할지, 아직 오르지 않은 종목을 찾아 간접 공략할지를 자신의 투자 스타일과 상황에 따라 결정한다.

상승률 TOP 30종목 중 특정 종목의 상승 재료를 찾는 방법은 간단하다. 먼저 뉴스, 리포트, 공시 등의 공개정보를 검색해보고, 공개정보가 없다면 미공개정보를 찾아보면 된다. 해당 종목의 게시판, 블로그, 카페 정보 등을 포털사이트에서 찾는 것이다. 물론 미공개정보는 재료의 신빙성 여부 등을 교차 확인하는 과정을 거쳐야 한다.

이러한 TOP 30 상승률 분석은 정보분석의 핵심기법이자 동시에 성장주 투자의 핵심인 Top-Down 분석의 공부에 가장 좋은 기법이다. TOP 30 분석은 직접 하는 것이 가장 좋지만 시간이 꽤 많이 소요되므로 초보자의 경우에는 네이버 카페인 '밸런스투자아카데미'에서 매일 정보를 제공하고 있으니 참고하면 된다.

상승률 TOP 30은 일간 단위가 기본이긴 하지만 주간, 월간, 분기, 반기, 연간으로 분석도 가능하고 중장기 투자자의 경우 월간 TOP 30 분석이 굉장히 큰 도움이 된다.

다음 자료는 2021년 12월 월간 상승률 TOP 30의 일부분이다. 상승률 상위종목들을 살펴보면 로보티즈, 에스피시스템스, 로보로보, 유진로봇, 에브리봇 등 한눈에 로봇관련주들이 많이 포진해 있는 것을 볼 수 있다. 해당 시점에 로봇 관련 재료들을 추적해보면 매년 초 열리는 IT 세계최대박람회인 CES를 앞두고 있는 시점이고 삼성의 로봇사업 진출 소식, 현대/LG 등 우리나라 굴지의 대기업들이 앞다투어 로봇사업 강화 소식들을 쏟아내면서 해당 관련주들이 높은 상승률을 기록했음을 알 수 있다.

❶ **코이즈(233.50%):** 디스플레이주, 시총 1,100억대, 광학필름 사업, 2차전지용 양극재 첨가제 대량생산 기술 단계를 위한 양산 자동화 공정 개발 중, 개별 등락

❷ **로보티즈(104.13%):** 로봇관련주, 시총 2,700억대, 로봇사업, 삼성전자의 '로봇'사업 본격화 소식 ⇒ 자율주행 로봇 특허&공급 계약 등 ⇒ 로봇관련주 부각

❸ **에스피시스템스(100.00%):** 로봇관련주, 시총 800억대, 산업용 로봇사업, 삼성전자의 '로봇'사업 본격화에 따른 로봇관련주 부각 환경 속, 현대차와 65억 원 규모 자동화 시스템 공급 계약 소식 등 부각

④ **로보로보(99.01%)**: 로봇관련주, 시총 1,200억대, 교육&생활용로 봇사업, 삼성전자의 '로봇'사업 본격화 소식 ⇒ 로봇관련주 순환매

⑤ **일동제약(97.07%)**: 제약바이오주, 시총 7,900억대, 의약품사업, 경구용 코로나19 치료제 'S-217622' 개발 중 ⇒ 코로나19 치료제관 련주 부각

⑥ **SNK(96.46)**: 게임주, 시총 7,500억대, 게임개발사업, 자신상폐를 위한 공개매수 결정 소식 부각

⑦ **미래나노텍(95.31%)**: 전자부품주. 시총 2,400억대, 디스플레이필 름사업, TV용 광학필름사업 성장&실적 부각 추정

⑧ **인포뱅크(90.98%)**: SW관련주, 시총 2,000억대, 문자발송서비스 사업, 차량용 임베디드 소프트웨어&자율주행차 플랫폼 개발, 자율 주행관련주 부각

⑨ **뉴프렉스(83.73%)**: 전자부품주, 시총 1,800억대, PCB사업, 메타& 삼성전자 메타버스 투자 소식 ⇒ 오큘러스향 VR기기 부품사업 ⇒ 메타버스HW관련주 부각

⑩ **유진로봇(79.31%)**: 로봇관련주, 시총 2,000억대, 로봇사업, 삼성 전자의 '로봇'사업 본격화 소식 ⇒ 로봇관련주 순환매

⑪ **에브리봇(78.31%)**: 로봇관련주, 시총 2,400억대, 로봇청소기사 업, 삼성전자의 로봇사업 본격화 ⇒ 삼성전자 로봇청소기 ODM, 자 율주행 라이다센서 자체 개발 등 ⇒ 로봇관련주 부각

⑫ **플리토(75.94%)**: SW관련주, 시총 2,500억대, 언어데이터사업, 삼 성전자 산하 투자 자회사 삼성넥스트가 메타버스 아바타 플랫폼 투 자 소식 ⇒ 메타버스 관련 언어 데이터사업 부각 추정

⑬ **NHN벅스(72.84%)**: SW관련주, 시총 2,800억대, 음원사업, 12월 17일 '싸이월드' 서비스 재개 ⇒ 음원서비스 공급 ⇒ 싸이월드관련주 부각

출처: 밸런스투자아카데미 카페
작성자: 몽당연필

"재료의 크기를 어떻게 판단합니까?" 가장 흔히 듣는 질문 가운데 하나다. 이에 대한 대답은 매우 간단명료하다. "TOP 30 분석을 매일 하시면 됩니다."

역사가 계속 반복되듯이 주식시장의 재료 또한 유사하게 반복된다. 과거 상승률이 높았던 종목을 분석하고 그 재료로 단기/중기/장기 흐름을 분석하여 습득하고 유사한 재료가 나왔을 때 투자 판단에 활용하면 된다.

매수매도
타이밍 잡기

▶ 타이밍 잡기가 종목 선정보다 어렵다고 착각하는 이유

많은 투자자가 종목 선정보다 매수매도 타이밍 잡기가 너무 어렵다고 한다. 심지어 매매타이밍이 더 중요하다고 생각하는 투자자도 있다. 나는 주식투자에 있어서 종목 선정과 타이밍의 중요도를 비교하면 종목 선정이 훨씬 중요하다고 생각하고 난이도 역시 종목 선정이 훨씬 어렵다고 생각한다.

주식투자에서 성공하는 방법은 종목을 선정해서 매수하고, 매수 가격보다 더 비싸게 파는 것이 유일하다. 즉 매수매도 타이밍보다 선행되어야 하는 것이 종목 선정이다. 종목 선정이 잘되었다면 주가의 흐름이 예상대로 우상향으로 상승하며 움직일 것이므로 타이밍 잡기가 훨씬 쉬워질 것이다. 특히 매수타이밍이 어렵다고 하는 것은 정말 이해하기 힘든 일이다. 매수 종목을 선정했다는 것은 현재 주가를 고려해서 차트를 보고, 시가총액도 보면서 '이 정도 주가면 지금 사도 되겠다.'라는 판단을 내렸다는 의미다. 그럼 그때 바로 매수를 하면 된다. 그런데 매수타이밍 잡기가 어렵다는 것은 스스로 매수 종목의 선정을 안 했다는 의미다.

만약 정말로 매수 종목 선정을 할 줄 모른다면, 그래서 매수타이밍이 어려운 것이라면, 주식 계좌에서 당장 돈을 빼야 한다. 실력이 낮을 때 투자금을 줄이고 실력이 높을 때 투자금을 늘리는 것은 너무 당연한 일 아니겠는가. 주식투자 실력과 투자금은 비례해야 하는데 많은 경우에 그 반대의 상황이 벌어진다. 주식투자 초보 시절에는 실력은 초보인데 계좌에 돈은 많고, 수년이 흘러 실력이 중수 급이 되면 계좌에 돈이 없다. 그동안 계좌 잔액이 눈 녹듯이 사라졌기 때문이다.

나중에 후회하지 않으려면 실력이 없는 초보 시절에는 계좌에 투자금을 줄이고 시장의 흐름을 읽고, 업종 선택, 종목 선정, 타이밍선택, 포트폴리오 운영이라는 큰 틀에서의 주식투자 실력이 늘어나고 안정적인 수익이 발생한다고 확인될 때 투자금을 늘려야 한다.

이제 매수타이밍 잡기가 어렵다는 생각을 하기 전에 매수 종목 선정에 노력을 기울이자. 주식 잘하는 지인을 포함하여 유튜버, 증권방송 등 어떤 플랫폼이든지 도움을 받을 수는 있다. 다만 내가 누군가에게 들은 종목의 최종적인 매수 판단은 반드시 내가 직접 해야 한다. 선정했을 때 지금 살 것인가 말 것인가? 딱 이 두 가지 중 하나를 실행하면 된다. 이 순서를 지킨다면 매수 종목 선정이 훨씬 중요하고 어렵다는 것을 이해할 수 있다.

▶ 매도타이밍은 언제가 좋을까?

매도타이밍 잡기는 매수 종목 선정보다는 더 쉽고 중요하지 않지만 매수타이밍에 비해서는 확실히 조금 더 어렵고 조금 더 중요하다. 그 이유는 매수 전에는 현금을 보유하고 있으므로 흔들림 없이 마음이 편한 상태에서 매수타이밍을 잡지만, 매수 후에는 종목을 보유하고 있으므로, 주가의 변동에 따라 마음이 불안한 상태가 되어서 원칙을 어기고 뇌동매매를 하게 되는 경우가 많기 때문이다.

그렇다면 매도는 어떤 타이밍에 해야 할까? 정답은 '매수의 이유가 사라졌을 때'이다. 예를 들어 친구가 "야 이거 오늘 사봐 한 20% 오를 것 같아."라고 해서 매수를 했다. 그러면 언제 팔면 될까? 20% 올랐을 때 팔면 된다. 왜? 나의 매수 종목 선정 사유가 '주식을 잘 아는 친구가 20% 오른다고 한 말'이기 때문이다. 그러나 많은 사람이 그렇게 하지 않는다. 만 원에 산 주식이 20% 올라 만이천 원이 되어도, 40% 올라 만사천 원까지 올라가도 팔지 않는다.

왜 20% 이상 40%까지 올랐는데 팔지 않았냐고 물어보면 더 오를 것 같아서라고 대답한다. 명확한 종목 선정 사유가 달성이 되었음에도 팔지 않았다? 그렇다면 이 종목은 이제 합리적인 매도타이밍을 잡을 기준이 없어진 것이다.

좀 더 현실적이고 구체적으로 삼박자 분석으로 매수 종목을 선정했을 때를 생각해보자. 실적이 좋아서 종목을 선정했다면 실적시즌에 어닝쇼크가 나오면 팔면 된다. 실제 실적시즌에 어닝쇼크가 나오면 외국인이나 기관 물량이 쏟아져 나와 대형주임에도 불구하고 하루 20% 급락하는 경우를 허다하게 볼 수 있다.

개인투자자보다 훨씬 원칙을 잘 지키는 펀드 매니저들이 실적이 좋은 대형주를 매수했는데, 실적이 안 좋아지니 매도한 것이다. 차티스트들 역시 마찬가지다. 차티스트가 정배열 종목이 좋아서 매수했으면 역배열로 바뀔 때 팔면 된다. 또는 역배열로 바뀔 것처럼 중장기 이평선을 깨거나 데드크로스가 나오는 시점에서 팔면 된다. 차트가 망가지는 시점에 급락이 나오는 경우가 많은데 원칙을 지키는 매도물량이 많이 나오기 때문이다. 스케줄매매를 하는 재료매매자들은 예정되었던 스케줄이 다가온 날에 예정된 재료가 나오든 안 나오든 주가가 오르든 내리든 팔면 된다.

이처럼 매도타이밍은 종목 선정을 하고 매수를 할 때 이미 결정된다. 즉, 내 매수 종목 선정 사유가 재료였든지 실적이었든지 차트였든지 상관없이 종목 선정의 이유가 사라지는 그 순간 즉시 팔면된다.

삼박자 분석이 아직 어려워서 자신 있게 종목 선정 사유를 뽑아내지 못하는 경우 또는 자기 자신을 믿지 못해서 매도타이밍을 망설이는 경우에 주가가 올라도 못 팔고 내려도 못 파는 투자자들이 부지기수다. 그런 투자자들에게는 극약 처방이 있다. 적어도 자신의 매도타이밍 선정을 믿을 수 있는 실력이 될 때까지는 미리 상승폭이나 하락폭을 '최대 몇 %'라고 정해 놓으면 된다. 마치 상한가와 하한가의 진폭이 정해져 있어서 당일 30% 이상의 주가변동이 아예 불가능한 것처럼 말이다.

"만 원에 사서 만약 주가가 오르면 50% 상승한 만 오천 원에 매도해야지" 손실 난 것을 팔 때도 동일하게 적용할 수 있다. "만 원에 사서 만약 주가가 떨어지면 30% 하락한 칠천 원에 손절매해야지." 여기서 중요한 것은 이익 실현폭은 손절폭보다 언제나 더 커야 한다. 이익은 길게 가져가고 손실은 짧게 버려야 내 계좌에 투자이익이 쌓이기 때문이다. 오늘부터 매수를 진행할 때 이러한 정보를 기록해 두자. 'A 종목 만 원에 매수. 이익 실현은 만 오천 원. 손절매는

칠천 원'

▶ 매도는 심리다

위에 쓰여 있는 매도타이밍 잡기를 아무리 설명해도 실행을 하지 못하는 경우가 대다수다. 그 이유는 매도는 심리의 영향을 받기 때문이다. 매도는 예술이라는 말이 있는데, 종목 선정이 과학의 영역이기 때문에 매도타이밍 잡기를 상대적으로 예술이라고 표현하는 것이다. 하지만 예술처럼 창의력이 필요한 영역은 아니고, 단지 심리에 매우 영향을 많이 받을 뿐이니 예술이라고 어려워하지 말고 나 자신의 심리를 극복하는 연습을 해야 한다.

매도를 못 하는 심리는 어떤 심리일까? 두 가지로 볼 수 있다. 첫째는 본전 심리, 둘째는 불안 심리다. 투자자들의 경우 수익이 난 종목보다 손실이 난 종목을 더 매도하지 못하는 경향이 있다. 여기에는 본전 심리가 작용한다. 내가 산 가격 이하로는 죽어도 팔고 싶지 않은 본전 심리다. 내가 산 종목의 추세가 완전히 무너지고, 적자전환을 하고 적자 지속을 하여 더 큰 위험에 빠질 확률이 높아지는 마지막의 마지막 단계까지 가도 매도를 못 한다면 그건 99% 본전 심리 때문이다.

다음으로는 불안 심리다. 내가 매도하면 주가가 올라가는 거 아닐까 하는 불안 심리다. 또는 매도하고 그 돈으로 다른 종목을 샀는데 떨어지면 어떡하지 그냥 가지고 있는 게 낫지 않을까 하는 불안 심리다. 오르고 내리고가 다반사인 주식시장의 섭리를 제대로 이해하지 못하거나 자기 자신에 대한 믿음이 약한 투자자들에게 자주 나타나는 심리다.

심리가 불안한 투자자에게 마인드컨트롤의 중요성을 말해주고 싶다. 알렉산더 엘더가 쓴 《심리투자기법》이라는 책에는 성공투자에 3M이 중요하다고 쓰여있다. Method(기법), Mind(심리), Money(자금관리)를 뜻한다. 20년 이상 주식시장에 몸담으면서 소수의 성공한 투자자 그리고 다수의 실패한 투자자를 많이 만나본 기억을 떠올려본다면 성공한 투자자들은 3M의 균형이 잘 맞았다.

기법은 수익 나는 투자를 가능하게 해주고, 심리는 안정적인 투자를 가능하게 해주며, 자금관리는 살아남는 투자를 가능하게 해준다는 것을 명심하자. 기법 하나만 강조해서는 편안한 투자, 생존의 투자에 실패할 확률이 높다.

주식투자를 하면서 강한 마인드를 형성하기 위해서는 주식투자에 대한 철학과 자기 자신에 대한 믿음이 중요하다. 주식시장은 은행 이자율 이상의 투자수익률을 반드시 지급하는 곳이라는 것은 변할 수 없는 진리임을 이해하고 받아들이자. 그러면 한결 마음이 가벼워질 것이다. 힘든 시기가 지나고 나의 초보 시절이 지나면 난 안정적으로 은행 이자율 이상의 투자수익률을 높은 확률로 얻을 수 있기 때문이다.

그리고 주식시장은 은행 이자율과는 달리 모든 투자자에게 같은 투자수익률을 주지는 않는다는 것을 이해하고 받아들이자. 그러면 평균 이상의 수익률을 얻는 투자자가 되기 위한 유일한 방법은 공부라는 것을 깨닫고 정진하다 보면 점점 자신을 믿는 투자자가 될 것이다.

▶ 분할매매는 YES, 물타기는 OH! NO

종목 선정의 리스크를 낮추기 위한 것이 포트폴리오 분산투자라면 매매타이밍의 리스크를 낮추기 위한 것이 매매타이밍 분산투자, 즉 분할매매이다. 매수와 매도를 하면서 한 번에 전량을 매매하는 것이 부담스러운 경우에는 조금씩 나누어 매도하면 된다.

분할매매는 매수가 또는 매도가를 평균화시키기 때문에 위험을 낮출 수 있다. 정액분할투자가 코스트 애버리지 효과가 있음은 상식적인 이야기다. 나는 강연회를 통해서 이제는 사회초년생들이 첫 월급을 타면 은행에 가서 적금통장을 만들 것이 아니라, 증권회사에 가서 계좌를 만들어야 한다고 많이 말해왔다. 매달 적금을 붓는 대신 매달 주식을 사야지 제로금리시대에 내 돈을 지킬 수 있기 때문이다.

주식이 위험해서 싫다고? 천만의 말씀이다. 매달 정액으로 주식을 사게 되면 매수가가 평준화되는 코스트 애버리지 효과가 발생해서 위험한 주식투자가 아닌 안전한 주식투자를 하게 되고, 시간과의 싸움에서 이기게 되어 중장기 투자에서 성공할 확률이 매우 높아진다. 장기의 시간을 가정하면 은행 이자율보다 훨씬 큰 투자수익률을 주식시장이 우리에게 제공하는 것은 변할 수 없는 진리이기 때문이다.

매도의 경우에도 마찬가지다. 분할로 매도하게 되면 심리적으로 매우 안정적인 주식투자를 할 수 있게 된다. 예를 들면 만 원에 샀는데 만 오천 원으로 주가가 상승했을 때 반을 매도한다면 주가가 만 오천 원에서 다시 떨어져도 반을 매도한 게 너무 잘한 결과가 되고 만 오천 원에서 주가가 올라가게 되면 반만 팔고 반은 남겨놓았으니까 역시 결과적으로 너무 잘한 결과가 된다. 이처럼 분할매도는 심리적인 것이면서 수익의 변동성 즉, 위험을 낮추는 것이다.

매도한 종목의 주가가 올라가거나 매도를 하려다가 안 한 종목의 주가가 내려가면 대부분 투자자가 굉장히 안타까워하고 매우 힘들어한다. 그러니까 투자가 자꾸 힘들고 어렵다고 느끼면서 계속 원금만 찾으면 주식시장을 떠난다고 목표를 세우고 다짐을 한다. 그런 식으로 생각해서는 주식시장에서 절대 성공 투자할 수 없다.

우리는 살면서 수많은 목표를 세우지만 거의 달성을 하지 못하고 있다. 하물며 주식시장에서의 목표달성의 확률은 어떨까? 앞으로 성공투자를 위해 심리적 안정을 위해 분할매매를 하자. 그리고 내가 이미 매도한 종목의 주가가 두 배가 되던 세 배가 되던 아쉬워하지도 신경 쓰지도 말자. 다음부터 잘하면 된다. 제일 중요한 건 현재 내 계좌에 있는 종목들이 어떻게 움직일지, 그리고 현재 내가 사야 하는 종목은 무엇인지에 대한 연구와 판단이다.

관리회계에는 매몰원가라는 개념이 있는데, 지나간 원가는 앞으로의 의사결정에 아무런 영향을 미치지 못하기에 매몰된 원가라는 뜻이다. 어찌 보면 우리의 매수 단가가 바로 매몰원가라고 할 수 있다. 만 원에 산 종목이 8천 원 되었을 때 만 원에 샀다는 건 중요하지 않다.

만 원부터 8천 원까지의 흐름을 보고 별로 흐름이 안 좋네. 팔아야 하나. 이런 고민이 중요하다. '나 이거 만 원에 산 건데' 하고 발을 동동 구르는 것은 의미가 없는 셈이다. 과거에 이미 결정된 나만의 매수원가는 그 종목의 미래 주가 흐름에 영향을 끼치지 않는 것은 너무나 당연한 것이다.

나의 잘못된 판단으로 보유종목의 주가가 떨어지고 있는데, 그 종목을 구출하기 위해서 나의 과거 매수원가를 낮추기 위해서 하는, 즉 평균단가를 낮추기 위한 행동인 물타기는 전혀 좋은 전략이 아니다.

잘 생각해보자. 물타기에 투입되는 나의 목숨같이 귀한 자금을 2,000종목 중에 최고의 종목을 선정해서 매수하는 데 쓸 것인가, 아니면 내 계좌에서 떨어진 종목을 매수하는 데 쓸 것인가의 차이는 성공투자에서 굉장히 큰 결과의 차이를 낳게 될 것이다.

최적 포트폴리오를 구축하라!

▶최적 포트폴리오를 위한 종목은 몇 개일까?

의사들이 건강검진 결과를 보면 어떤 수치가 나쁘니 어떤 병에 걸렸다고 바로 판단할 수 있듯이 나는 투자자들의 포트폴리오만 보면 어떤 잘못된 습관과 행동이 있는지 바로 알 수 있다. 즉 투자자들의 포트폴리오를 체크해본다는 것은 일종의 건강검진 같은 것이다.

우리는 당연히 직접 자신의 건강검진을 하지 않는다. 병원에 가서 건강검진을 받으면 되기 때문이다. 그러나 아쉽게도 우리의 포트폴리오를 체크해주는 주식병원은 세상에 존재하지 않는다. 당신에게 나처럼 포트폴리오를 체크해주는 주식 의사가 없다면 말이다. 그것이 이 책에서 포트폴리오를 이야기하는 이유이다. 이 책을 보는 투자자들이 포트폴리오를 자가진단하여 최적 포트폴리오를 구축하기 바란다.

포트폴리오를 진단할 때 가장 먼저 봐야 하는 건 바로 Number(종목의 개수)다. 극단적으로 설명하면 이해하기 쉬운데 한 종목 혹은 백 종목이 있는 계좌는 매우 병든 상태, 아주 위험한 상태이다. 그 종목을 왜 샀는지, 얼마나 좋은 종목인지는 중요치 않다. 한 종목 또는 백 종목을 보유하고 있다는 것 자체가 포트폴리오의 의미나 효과를 전혀 모르고 있다는 뜻이니까 말이다.

한 종목에 몰빵투자를 하는 투자자가 늘 하는 말이 있다. '이 종목은 확실해!' 단언컨대 이 세상에 확실한 한 종목은 없다. 그리고 한발 양보해서 만약 확실한 한 종목을 선정할 수 있는 AI급의 주식 실력을 갖추고 있다면 확실한 세 종목을 선정해서 1/3씩 매수하면 된다.

'한국전력은 절대 망하지 않는 것이 확실해!'라고 말하는 투자자도 있다. 망하지 않는다고 하더라도 수익이 나야지 손실이 나면 무슨 의미가 있는지 생각해 볼 문제다. 우리가 주식투자를 하는 이유는 안 망하는 한 종목을 사려는 것도 아니고 확실한 한 종목을 사려는 것도 아니며 수익을 내기 위함임을 기억해야 한다.

만약 고수익을 내기 위해서 한 종목을 사는 것이라고 인정한다면 이해할 수는 있다. 다만 고수익을 내기 위해서 몰빵투자를 했다면 언제라도 계좌 잔액이 0원이 되었을 때 웃으면서 인정할 수 있는 자금력과 정신력을 갖추었는지 돌아봐야 한다.

100종목을 가지고 있는 경우는 어떨까? 이 경우는 한 종목을 가진 것과 정반대의 경우라고 생각하면 된다. 한 종목에 투자하는 것이 수익성을 과하게 추구한 나머지 극도로 위험한 계좌를 가지고 있는 것이라면, 100종목을 가진 계좌는 위험을 낮추는 안정성을 과하게 추구한 나머지 극도로 시장 평균의 수익률을 갖고 있다고 보면 된다. 사실 100종목 정도의 포트폴리오를 보유하는 것은 지수 ETF에 투자하는 것과 수익률에서 거의 차이가 없다.

만약 초보 투자자가 공부를 목적으로 연습 삼아 안정적인 100종목 투자를 하는 것이라고 한다면 좋은 결정일 수 있다. 그렇다면 매일 보유종목을 쳐다볼 필요 없으니 그 시간에 주식 공부를 열심히 하면서 종목을 조금씩 줄여나가는 연습을 하기 바란다. 그것이 초과수익률을 추구하는 주식투자자의 올바른 자세다.

포트폴리오는 수익률을 지켜내면서 위험률을 낮추는 것이 목적이다. 포트폴리오 분산효과를 통해서 위험률을 낮추면서 동시에 수익률을 유지하려면 적당한 종목의 개수가 유지되어야 함을 명심해야 한다.

그러면 최적의 N은 몇 개일까? 투자금액, 투입노력, 투자스타일 등 투자자의 상황에 따라 적정 숫자가 달라질 수 있다. 투자금액이 클수록 N의 크기는 커진다. 적은 금액으로 투자하면 3종목 정도에서, 큰 금액일 경우 20개까지도 가능하다고 본다. 투입노력이 클수록 N의 크기는 커진다.

주식보유 종목이 많을수록 내가 주식 공부에 쏟을 시간이 많고 노력이 커야 한다. 보유종목을 방치하지 않고 관리해나갈 생각이라면 말이다. 보유종목의 주가만 확인하는 것이 아니라 새로운 리포트는 나왔는지, 관련 업종들은 어떻게 움직였는지, 차트는 탄탄하게 흘러가는지 삼박자 분석을 계속하면서 보유종목이 매수 당시의 좋은 상태를 유지하고 있는지를 계속 체크해나가야 한다. 따라서 주식투자에 시간을 많이 투자하지 못하는 분들일수록 적은 종목을 가지고 있는 것이 좋다.

마지막으로 투자스타일이 단기매매라면 장기투자보다 종목이 적은 것이 좋다. 그 이유는 단기매매는 짧은 시간에 고도의 집중력과 판단력이 필요하므로 종목이 많으면 매매성과가 매우 안 좋게 나타날 수 있기 때문이다.

▶분산효과를 효과적으로
누리기 위한 방법

자신한테 적합한 종목 숫자를 결정하라고 하면 보통 이런 후속 질문이 나온다. "한 종목에 얼마씩 사면 되나요?" 굉장히 초보자 적인 질문이지만 1/N씩 투자 비중을 가져가야 하는 것을 이해하지 못하는 투자자들이 많기에 설명해본다. 투자자 중에는 같은 투자 금액의 비중을 정해서 투자하지 않고 같은 주식 수로 투자하는 경우가 있다. 의외로 이런 계좌를 자주 보면서 생각했다. 투자자 중에는 정말 초보자가 많고, 초보자 중에는 정말 간단한 것도 이해하지 못하고 투자하는 분들이 많다는 것을 말이다.

같은 주식 수로 투자하는 경우 어떤 일이 발생하는지 알아보자.
총 투자금액 1천만 원일 때 아래와 같이 동일 주식 수로 세 종목에 투자한다고 가정해보자.

종목	수량	주가	총 투자금액
A	9주	100만 원	900만 원
B	9주	10만 원	90만 원
C	9주	1만 원	9만 원

이 경우 세 종목에 분산투자했다고 생각할 수 있지만, 사실 A 종목에 몰빵한 것이나 다를 바 없다. 따라서 이렇게 포트폴리오를

PART 2 슈퍼개미의 실전투자 노하우

구성하면 분산효과는 전혀 얻을 수 없게 된다.

실제 투자자들의 계좌를 들여다보면 10종목으로 분산투자를 했다고는 하지만, 투자 비중이 일정한 계좌는 거의 없다. 물론 경우에 따라서 이 종목은 다른 종목에 비해서 정말 맘에 든다는 판단이 선다면 다른 종목보다 투자 비중을 높일 수 있다. 하지만 적어도 그런 능력이 있는 경우에 한해서다.

요약하면 포트폴리오 분산효과를 누리려면, 투자할 때 초보의 투자 비중은 무조건 n분의 1이 제일 좋다. 조금 중수의 실력이 돼서 종목 선정을 직접 할 수 있고, 시장의 흐름을 체크 할 수 있을 정도가 되면 약간씩 투자 비중을 다르게 해도 괜찮다. 그런데 재밌는 사실은 초보일수록 투자 비중이 다르고, 고수일수록 투자 비중이 같다는 것이다.

▶업종별 배분의 중요성

첫 번째로 적정한 종목 숫자를 체크하고, 두 번째로 적정한 투자 비중을 체크했다면 세 번째로 무엇을 체크하면 될까? 종목들의 업종체크를 해야 한다. 포트폴리오를 구성하는 유일한 이유는 분산효과를 누리기 위함이고, 분산효과는 구성 종목들의 서로 다른 주가 움직임에서 나온다. 같은 움직임의 종목을 중복해서 보유하고 있다면 분산효과가 잘 나오지 않기 때문에 종목들의 업종체크를 반드시 해봐야 한다.

예를 들면, 이렇게 세 종목을 가진 세 사람이 있다고 해보자.

A: 삼성전자, 삼성전자우선주, SK하이닉스
B: LG화학, 삼성SDI, SK이노베이션
C: 셀트리온, 셀트리온헬스케어, 셀트리온제약

차트를 찾아보지 않고 직관적으로 봐도 포트폴리오를 구성하는 세 종목이 아주 비슷한 주가 움직임을 갖고 있다는 것을 알 수 있다. 이렇게 포트폴리오를 운영하면 안 된다. 물론 업종은 잘 선택했는데 무엇이 오를지 몰라서 이렇게 투자했을 수도 있다. 하지만, 만약 업종을 잘 선택하고, 종목을 선정하기가 힘들다면 업종ETF에 투자하면 된다.

TIP 슈퍼개미 이 세무사가 알려주는 토막 상식

ETF
ETF란 Exchange Traded Fund의 약어로 상장지수펀드라고도 부른다. 지수연동형 펀드를 거래소에서 상장시켜 투자자들이 주식처럼 편리하게 거래할 수 있도록 만든 상품을 의미한다.

위에서 설명한 것처럼 100종목에 투자하는 것과 지수ETF에 투자하는 것의 수익률 차이가 거의 없는 것과 마찬가지로 업종 내 중복투자를 하는 것은 업종ETF에 투자하는 것과 수익률 차이가 거의 없다.

ETF 투자가 나쁘다는 것이 아니라, ETF 투자는 직접투자와 간접투자의 중간 정도에 위치한 투자라는 것을 정확히 알자는 뜻이다. 직접투자를 하는 이유는 간접투자보다 시장수익률에 +a인 초과수익을 추구하기 위해서다. 이러한 초과수익을 추구하는 과정에서 위험을 부담하는 것은 재무관리의 원칙상 당연한 것이다.

높은 수익률을 추구하고 싶다면 위험을 감수하고 노력을 해야 하며, 그렇게 할 생각이 없다면 펀드에 가입하고 시장수익률에 만족하면 된다. 그리고 수익률과 위험의 관점에서 직접투자와 간접투자의 사이에 업종별 ETF가 있다고 생각하면 된다. 종목 선정이 어렵고 위험하다고 느낄 때 생각하자. '욕심을 버리거나 노력을 하거나'

우산장사와 짚신장사를 하는 두 아들의 예를 통해 분산효과에 대해서 조금 쉽게 이해할 수 있다. 아들 둘을 키우는 어머니가 비가 오면 짚신장사를 하는 큰아들을 걱정하고 날씨가 맑으면 우산장사를 하는 둘째 아들을 걱정한다면 어떻게 해야 할까?

분산투자를 설명하는 데 많이 등장하는 예시다. 이 아들 둘이 합병을 하게 되면 가장 완벽한 회사가 될 수 있다. 비가 와도 돈을 벌고 비가 안 와도 돈을 벌 테니 말이다. 이게 바로 분산투자다. 이러한 분산투자를 가능하게 하는 것이 바로 포트폴리오라고 할 수 있다.

앞에서 설명한 대로 포트폴리오를 구축하는 과정을 예를 들어보자. 1억 원을 투자한다고 가정했을 때 포트폴리오 구축순서는 다음과 같다.

1단계 - 적정 종목 숫자 정하기: 나의 투자금액과 투입시간을 고려 5종목으로 정함

2단계 - 투자 비중 정하기: 한 종목당 2천만 원씩 투자

3단계 - 업종별 배분하기: 투자하고 싶은 다섯 업종 선정

4단계 - 종목 선정: 삼박자로 분석해서 각 업종에서 최고의 종목 선정

5단계 - 매수타이밍 잡기: 종목 선정한 후 분할매수의 횟수를 정해서 분할매수 하기

▶ 포트폴리오에 마이너스 종목만 남아있는 이유는?

바로 위 5단계가 끝나면 포트폴리오가 구축된다. 그다음은 포트폴리오의 운영 영역이다. 포트폴리오 운영에서 가장 중요한 것은 어느 종목을 편출하고 어느 종목을 신규 편입할지 판단하는 것이

다. 이 단계는 투자자들이 가장 어려워하는 보유종목의 매도가 발생하기 때문에 투자자들이 많은 실수를 하게 된다. 포트폴리오가 구축된 이후에 포트폴리오 운영 시에 종목 교체는 언제 어떻게 이루어지는 것이 가장 좋을까?

일단 보유종목 중에 매도 사유가 발생해서 종목을 매도하게 된다면 신규편입 종목은 당연히 매도 종목과 같은 업종 내에서 찾는 것이 좋다. 탑다운 분석상 업종 교체가 필요하다는 판단이 서지 않은 이상 같은 업종 내에서 삼박자 분석을 통해서 더 좋은 종목을 찾도록 하자.

이는 반대의 경우도 마찬가지다. 너무나 맘에 드는 종목이 생겨서 신규편입을 고려 중인데 현금이 없는 상황이라면 신규매수 종목과 같은 업종의 종목을 매도하고, 확보한 현금으로 매수를 하는 것이 올바른 종목교체 방법이다. 이런 방법으로 포트폴리오를 운영하면 적정 숫자가 변할 리도 없고, 업종별 배분 비중이 변할 리도 없으니 나의 최적의 포트폴리오를 유지할 수 있는 가장 좋은 방법이라고 할 수 있다.

그런데 투자자들의 포트폴리오를 보면 아주 재미있는 현상이 나타난다. 10종목을 n분의 1씩 투자하고, 업종별로 잘 배분이 되어 있는 것 같은데 자세히 수익률과 손해율을 체크해보니 10종목이 모두 손실이 나고 있는 경우가 생각보다 많다.

이런 현상이 나오는 이유는 이익이 나고 있는 종목은 이익 조금 났을 때 빨리 매도하고 손실 나고 있는 종목은 매도하지 못하는 행동을 반복하기 때문이다. 올라간 걸 바로 팔지 않아야 한다. 짧은 이익을 실현한 종목 중에는 우상향으로 계속 더 갈 수 있는 위치에 있는 종목들이 꽤 많았을 것이다. 반대로 떨어지고 있는데 안 팔고 보유하고 있는 종목들은 일찍 자르는 것이 맞았던 종목들이 꽤 많았을 것이다.

상식적으로 10개 종목을 갖고 있고 수익 종목 5개, 손실 종목 5개가 계좌를 구성하고 있다면 평균적인 상황이 될 것이다. 만약 10개 종목을 보유 중인데, 수익이 난 종목이 손실이 난 종목보다 많으면 많을수록 투자 고수일 확률이 매우 높다. 반면 손실이 난 종목이 더 많다면 초보 투자자일 확률이 매우 높다.

일반 투자자들 열 명 중에 아홉 명은 손실 보고, 한 명만 이익을 내고 있다고 한다. 일반 투자자의 공통적인 나쁜 습관을 파악하고 그 반대로 해보자. 가장 큰 나쁜 습관 두 가지를 꼽으라면 매수 평균단가를 낮추기 위한 물타기와 손실 종목만 보유하고 있는 것이다. 오늘부터 정확히 그 반대로 해보자. 물타기를 절대 하지 말고, 수익 종목만 보유하려고 노력하자.

사실 알면서도 실행이 잘 안 되는 것이 몇 가지 있다. 공부해야지 하면서 놀고 있고, 다이어트 해야지 하면서 먹고 있고, 일해야지 하면서 자고 있고, 원칙을 지켜야지 하면서 지키지 않고 있다. 그 이유는 무엇일까? 바로 불편하기 때문이다.

　　공부하고 다이어트를 하고, 일하고, 원칙을 지키는 것들은 우리를 늘 불편하게 한다. 놀고먹고 자고 원칙을 지키지 않는 것은 반대로 우리를 편하게 한다.

　　그러나 성공투자를 하고 싶다면, 그래서 부자가 되고 싶다면 조금만 더 불편해지자. 불편함을 견디고 미래의 꿈을 위해 노력한다면 반드시 성공투자를 하고 부자의 꿈을 달성할 수 있을 것이다. 모두의 성공투자 파이팅.

INVEST IN GROWTH STOCKS

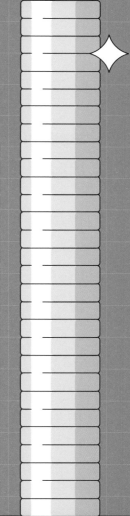

PART 3

2022년
주목할
TOP 8
성장산업

슈퍼개미

반도체산업
(비메모리 중심)

▶ 우리나라
제1의 산업인 반도체

삼성전자가 우리나라 최고의 기업이라는 사실에는 주식투자자뿐 아니라 전 국민이 동의할 것이다. 삼성전자는 우리나라 기업 최초로 500조를 돌파한 기업이며, 20년 이상 시가총액 1위를 유지하고 있는 기업이다. 삼성전자와 함께 우리나라 반도체산업을 이끌어가는 SK하이닉스는 시가총액 2위 기업이다. 또한, 우리나라 산업에서 수출 비중 1위를 차지하는 것 역시 반도체산업이다.

4차 산업혁명 시대를 맞아 인공지능, 자율주행, 로봇 등이 발전하면서 비메모리 반도체의 중요성이 더욱 커지고 있다. 반도체는 크게 메모리와 비메모리 분야로 나뉜다. 국내 반도체산업은 그동안 메모리 시장의 점유율이 높았는데, 이제는 비메모리 반도체 시장에 진입하고 있으며 공격적인 설비투자로 그 성과가 나오고 있다. 이러한 기업들의 발 빠른 대처에 정부도 미래 먹거리로서 적극적으로 비메모리 반도체산업을 선정하여 지원하고 있다. '미래 산업의 쌀'이라고 할 수 있는 비메모리 반도체산업의 성장과 우리 기업들의 성공적인 진입이 맞물린 것은 참으로 다행스러운 일이다.

국내 반도체산업을 성장시킨 또 하나의 사건은 한국을 대상으로 시행한 일본의 경제 보복성 수출규제다. 일본의 치졸한 압박은 정반대의 효과로 나타났는데, 반도체산업의 소재, 부품, 장비 기업 중에서 강소기업을 탄생시킨 것이다. 주식시장에서는 이제 '소'재 기업, '부'품 기업, '장'비 기업을 통칭하여 반도체 '소부장'이라고 부르고 있다.

이러한 이유로 반도체 중·소형주 종목을 분석할 때는 '국내 유일', '부품 국산화' '시장점유율 1위' 이런 키워드가 있는 종목을 집중적으로 연구해야 한다. 비메모리 시장의 성장과 우리나라 반도체 기업들의 진입 성공, 그리고 반도체 소부장 강소기업의 탄생이 바로 첫 번째로 2022년을 위한 성장산업으로 반도체산업을 꼽는 이유다.

▶ 리포트 요약

▶ 그래도 앙꼬 있는 찐빵

- 핵심 트렌드는 비메모리 위주로 전개: 주가도, 매출도, 비메모리 선단 공정 기업이 상대적 유리

- 메모리 업황 지표는 우려 대비 건조: 가장 눈에 띄는 지표는 재고 자산 중에 완제품 비중 감소

- 반도체 업종에서 가장 기대되는 것은 파운드리, 클라우드, 메타버스 관련 투자

2021년 11월 23일 / 김경민 애널리스트 / 출처: 하나금융투자

▶ 반도체/장비: 메모리 > 비메모리

- 2021년에는 비메모리 주가가 메모리를 크게 상회
  2021년: IT 공급망 차질이 메모리 업황 훼손

- 2022년에는 메모리 주가가 비메모리를 상회할 전망
  2022년: 정상 환경 회귀로 메모리 주가 상승 지속 예상

- 단기 주가 고민보다는 비중 확대 전략 유효
  단기 주가 조정이 있더라도, 얕고, 짧은 조정 예상

2021년 12월 10일 / 최도연 애널리스트 / 출처: 신한금융투자

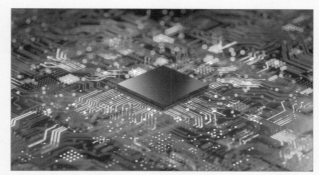

반도체 부품 관련 예시

반도체 자동화장비 관련 예시

반도체 디스플레이 관련 폴더블 디스플레이 예시

반도체 제조 공정 밸류체인 정리

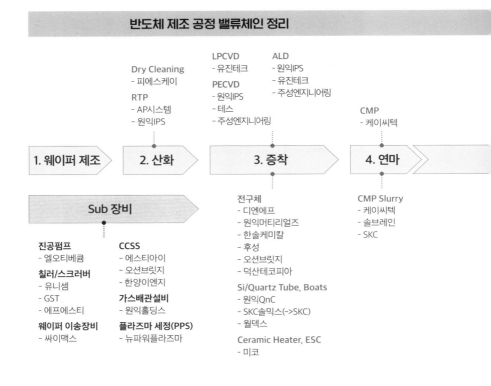

Dry Cleaning
- 피에스케이

RTP
- AP시스템
- 원익IPS

LPCVD
- 유진테크

PECVD
- 원익IPS
- 테스
- 주성엔지니어링

ALD
- 원익IPS
- 유진테크
- 주성엔지니어링

CMP
- 케이씨텍

1. 웨이퍼 제조 | 2. 산화 | 3. 증착 | 4. 연마

Sub 장비

진공펌프
- 엘오티베큠

칠러/스크러버
- 유니셈
- GST
- 에프에스티

웨이퍼 이송장비
- 싸이맥스

CCSS
- 에스티아이
- 오션브릿지
- 한양이엔지

가스배관설비
- 원익홀딩스

플라즈마 세정(PPS)
- 뉴파워플라즈마

전구체
- 디엔에프
- 원익머티리얼즈
- 한솔케미칼
- 후성
- 오션브릿지
- 덕산테코피아

Si/Quartz Tube, Boats
- 원익QnC
- SKC솔믹스(->SKC)
- 월덱스

Ceramic Heater, ESC
- 미코

CMP Slurry
- 케이씨텍
- 솔브레인
- SKC

8. 이온주입 | 9. 열처리 | 10. 전공정 검사

Diffusion용 Quartz
- 원익QnC

Annealing
- 이오테크닉스
  (DRAM 1z)

Wafer Test
- 와이아이케이

자료: 이베스트투자증권 리서치센터

Wafer Edge Cleaning
- 피에스케이

Foup 세정
- 디바이스이엔지

PR Strip
- 피에스케이

PR Coater
- 세메스

Dry Etcher
- 에이피티씨

5. 세정

6. 포토공정

7. 식각

세정재료
- 한솔케미칼
- SK머티리얼즈
- 원익머티리얼즈

세정/코팅
- 코미코
- 아이원스
- 원익QnC
- 포인트엔지니어링
  (*shower head와 같은
  부속품 세정/코팅 위주)

세정용 Plasma 부품(RPS)
- 뉴파워플라즈마

감광액(PR)
- 동진쎄미켐
- 금호석유화학

PR 원재료
- 이엔에프테크놀로지

Blank Mask
- 에스앤에스텍

Pellicle
- 에프에스티
- 에스앤에스텍

SiC Ring
- 티씨케이
- 하나머티리얼즈
- 케이엔제이

Si/Quartz Ring
- 하나머티리얼즈
- 원익QnC
- 월덱스

건식식각(gas)
- SK머티리얼즈
- 원익머트리얼즈
- 후성

습식식각(Etchant)
- 솔브레인
- 이엔에프테크놀로지

11. Sawing

12. 패키징

13. 검사

Dicing
- 이오테크닉스

Vision Placement
- 한미반도체
  (*VP는 패키징된 이후의 칩을
  Sawing. 웨이퍼 Dicing과 다름)

Bonder
- 한미반도체

OSAT Packaging
- 네패스
- 하나마이크론
- SFA반도체
- 윈팩
- 에이티세미콘

Pin/Socket
- 리노공업
- ISC
- 티에스이

Tester
- 유니테스트
- 테크윙
- 엑시콘

OSAT Test
- 네패스
- 테스나
- 엘비세미콘
- SFA반도체
- 하나마이크론
- 에이팩트
- 윈팩
- 에이티세미콘

DB하이텍

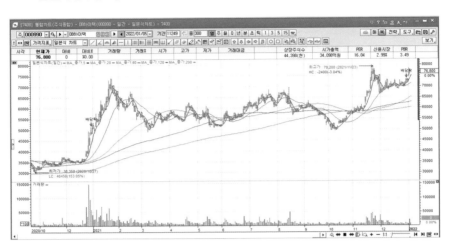

기업개요	• 반도체 제조를 주요 사업으로 영위함. 웨어퍼 수탁생산 및 판매를 담당하는 파운드리 사업과 디스플레이 구동 및 Sensor IC 등 자사 제품을 설계, 판매하는 브랜드 사업을 운영하고 있음 • 8인치 파운드리 공급 부족이 적어도 내년 상반기까지 지속될 전망임. PMIC 등 비메모리 수주가 빠르게 증가하고 있고, 전방업체들은 8인치 파운드리 물량을 선제적으로 확보하기 위해 전쟁을 치르는 중 [출처: 에프앤가이드]
가치분석	• 최근 3년 연속 매출액, 영업이익, 당기순이익 증가하는 성장성을 보임 • 최근 분기 영업이익률 31%, 부채비율 100%로 이익성과 안정성도 우수함
정보분석	• Wearable, IoT 등 신규 수요가 촉발한 8인치 파운드리 호황이 장기화 될 것으로 전망 • 2Q21부터 분기별로 증가하기 시작한 Capa가 연간 실적에 반영될 것으로 추정
차트분석	연봉상으로 3년 연속 양봉 상승이 이루어진 성장주이며, 일봉상 완전 정배열 신고가 국면

한미반도체

기업개요	• 1980년 설립 후 제조용 장비의 개발 및 출시를 시작함. 최첨단 자동화 장비에 이르기까지 반도체 생산장비의 일괄 생산 라인을 갖추고 세계적인 경쟁력을 확보함 • 고객사의 투자가 증가하는 추이를 보이고 있으며 EMI Shield 장비 부문에서도 한미반도체의 장비가 세계 점유율 1위를 기록하며 회사 가치 성장에 크게 기여하고 있음 • 동사의 주력 장비인 'VISION PLACEMENT'는 세계 시장 점유율 1위를 굳건히 지키고 있음 [출처: 에프앤가이드]
가치분석	• 최근 3년 연속 매출액, 영업이익, 당기순이익 급증으로 성장성을 입증함 • 영업이익률 30% 이상, 부채비율 30% 미만으로 성장성, 이익성, 안정성의 밸런스가 좋음
정보분석	• 기판업체들의 FC BGA 투자확대는 FC 본더 장비 쇼티지와 판매 확대 예상 • 비메모리 패키징 공정의 고도화는 한미반도체의 가장 큰 성장 동력
차트분석	• 2021년 7월 신고가갱신 이후 3개월간 하락하였지만, 200일선 지지 삼아 반등에 성공한 후 • 최근 완전정배열 진입하며 신고가를 호시탐탐 노리고 있음

해성디에스

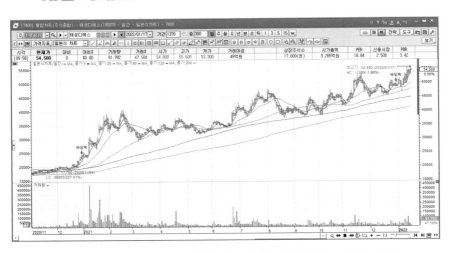

기업개요	• 동사는 반도체용 Package Substrate와 리드 프레임을 생산 및 판매하는 부품/소재 전문 회사임 • 주요 제품은 FBGA, FC-FBGA, IC, LED, QFN, LOC, QFP, 그래핀, 티온밴드 등으로 PC, Sever 등 메모리 반도체 패키징 재료 또는 모바일 기기 및 자동차 반도체 패키징 재료가 됨 • 매출구성은 리드프레임 69%, Package Substrate 30% 등으로 이루어져 있음 [출처: 에프앤가이드]
가치분석	에칭공법 제작부문 세계 1위의 점유율을 가진 기업으로 최근 매출액과 영업이익 등이 가파른 성장률을 보이고 있음 안정적인 부채비율과 양호한 영업이익률에 높지 않은 PER를 유지
정보분석	• 차량용 반도체 수요 증가 지속 및 패키징 기판의 지속적인 성장 등으로 최고 매출액을 갱신할 것으로 전망 • 500억 원 규모의 생산 설비 투자예정으로 이에 따른 매출 증가가 시작될 것으로 예상
차트분석	최근 4년 연속 연봉상 양선상승하며 성장주의 조건을 충족하고 있으며, 1년 넘게 120일선 지지를 받으며 안정적인 우상향을 하는 몇 안 되는 종목

제약·바이오 산업

▶ 최근 10년간 가장 큰 성장 산업인 제약·바이오

우리나라에서 최근 10년간 가장 비약적인 발전을 한 산업은 바로 제약·바이오 산업이다. 불과 몇 년 전만 해도 시가총액 상위 10위 안에 드는 제약·바이오 종목이 하나도 없었고, 1조 이상 기업도 손에 꼽았다. 지금은 시가총액 상위 10위권에 삼성바이오로직스가 포함되어 있고, 셀트리온도 최근 순위가 밀렸지만 15위권에 위치하고 있으며, 코스닥 시가총액 1위도 셀트리온헬스케어다.

어떻게 제약·바이오 산업이 이렇게 비약적으로 성장할 수 있었을까? 기업이 성장하기 위해 가장 필요한 두 가지를 꼽으라면 '인력'과 '자금력'이라고 할 수 있다. 국내 대학에서 가장 우수한 학생을 유치하는 학과가 의과대학이다. 따라서 유능한 인력들이 제약·바이오 산업으로 넘어가면서 경쟁력이 확보되니 펀딩 또한 자연스럽게 이루어진다. 이렇게 인력과 자금력이 선순환을 이루면서 제약·바이오 산업이 단기간에 큰 성장을 할 수 있었다. 앞으로도 이런 선순환은 계속될 가능성이 크다.

제약·바이오 산업의 성장은 국내기업의 측면에서만 볼 것이 아니라 세계적인 흐름으로 봐야 한다. 세계적으로 노령화가 급속도로 진행되고 있고, 생명 연장의 꿈이 커지고 있다. 특히 4차 산업혁명에 따른 첨단기술로 인해 복합된 의료기술이 발전하였고 그동안 정복 불가능했던 병들에 대한 신약개발이 계속되고 있다.

신약개발의 가치는 재무제표로만 접근할 경우 고평가 논란에 휩싸일 수밖에 없지만, 생명 연장과 삶의 질 향상이라는 관점에서 접근한다면 새로운 평가방법이 필요하다. 특히 2020년 초에 시작된 코로나 시대가 2년 이상 지속되면서 새로운 변종 바이러스에 대해 백신과 치료제로 세계가 대응해야 한다는 점에서 제약·바이오 산업에 더욱 관심을 가질 필요가 있다.

제약·바이오 산업은 다른 업종과 달리 재무제표상의 이익성이 확보되지 않은 종목이 많아 장기투자에 주의가 필요하다. 일단 이익이 없다 보니 가치분석으로는 투자할 기업을 찾기가 마땅치 않다. 또한, 전문분야이다 보니 의학적 지식이 없다면 그 기업의 미래 가치를 평가하기에도 막막하다. 그래서 특히 제약·바이오주에 투자할 때는 집중투자보다 분산투자를 통해 갑작스러운 신약개발 실패와 같은 위험에 대비해야 한다.

▶ 리포트 요약

▶ 쫓기지 말고 앞서야 한다

- 성장 섹터는 성장한다: '21년은 코로나 관련 종목 성장. '22년부터 점차 신약 성장 주목

- 바이오텍 신기술 주목 시대: 뇌 신경질환 상위 10개 중 4개 차지, 동종 세포, PROTAC, 유전자 등 인기

- '22년 커버리지 기업 성장 둔화되나, 여전히 산업 평균보다 높아: 글로벌 처방의약품 시장 성장 대비 여전히 높아

- 치매 시장 개화로 CMO 수혜. 차별성과 경쟁력을 갖춘 바이오텍 옥석 가리기

2021년 11월 16일 / 허혜민 애널리스트 / 출처: 키움증권

▶ 구조적 성장, 더해질 보복 소비 부담 없는 밸류에이션

- 미용, 의료기기 시장 수요 회복은 시간문제: 국내 의료, 미용기기 수출은 미국/유럽/중국 중심으로 구성. 상위 10개 국가의 수출 비중은 50~60%로 절반 이상 차지

- 글로벌 미용성형 시장 연평균(20~24F) 11% 이상 고성장 전망: 과거 미용성형은 성형수술이나 특정 부위 치료를 위한 레이저 수술 중심으로 진행. 반면, 최근에는 톡신, 필러를 비롯한 RF(고주파), HIFU(초음파) 등 최소침습/비침습 시술 급성장하며 전체 미용성형 시장 성장을 견인

- 에스테틱 산업 독보적인 이익 창출 구조 → 높은 밸류에이션 적용 가능: 전 세계 에스테틱 시장의 구조적 성장성

2021년 05월 25일 / 이새롬 애널리스트 / 출처: 대신증권

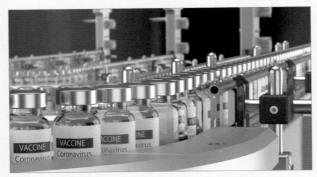

제약·바이오의 신약개발 관련 예시

제약·바이오의 건강식품 관련 예시

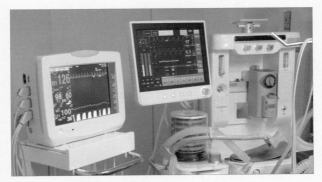

제약·바이오의 의료기기 관련 예시

▶ 제약·바이오 관련주 총정리

국내 업체 주요 표적 항암제 및 변이 타겟 개발 현황					
기업	프로젝트명	타겟	적용중	일상 현황	파트너사
유한양행/ 오스코덱	렉라자 (레이저티닙)	EGFR T790M 변이	NSCLC	1/1b상	Janssen
	연내 BTD 신청 -> 2H22 FDA 승인 전망				
한미약품	포지오티닙	HER2 Exon20 변이	NSCLC	2상	Spectrum
	연내 FDA 허가 신청 -> 1H22 승인 전망				
브릿지 바이오	BBT-176	C797S 변이	NSCLC	1/2상	-
	연내 탑라인 데이터 발표 예정, '22년 중순 임상 종료 예정				
나이벡	-	KRAS G12C	고형암	전임상	-
	주사제(단백질)와 경구제(저분자)로 개발 중, '23년 초 1상 진입 목표				
파멥신	올린베시맙	VEGFR2	TNBC	2상	Merck
	Merck의 Keytruda와 병용				
에이비온	ABN401	c-MET 변이	폐암	1/2상	-
	ESMO 2021, PR 2명(n=2/10)				
한미약품	벨바라페닙	RAF/RAS 변이	고형암	1b상	Genentech
	NRAS 변이 흑색종, PR 26.3%, PFS 7.3m				

자료: 각 사, 언론보도, 키움증권 리서치센터

2022년 기술이전이 예상되는 파이프라인

구분	물질	2020			
		1Q	2Q	3Q	4Q
지씨셀	CAR-NK 플랫폼				
올릭스	GalNac 플랫폼				
압타바이오	당뇨병성신증				
에이비엘바이오	BBB 투과 플랫폼				
알테오젠	SC 제형 플랫폼				
나이벡	NIPEP-TPP 플랫폼				
압타바이오	APX-NEW				
브릿지바이오	C797S				
바이젠셀	세포림프종 면역항암제				
네오이뮨텍	NT-17				

미용 의료기기 및 의약품 분류

종류	시술 특징	제조사	대표 장비	제품 특징
에너지기반				
레이저	장비 및 시술 가격 부담, 통증 수반	Cynosure	Picosure	
	색소, 기미, 제모에 특화	이루다	비키니	
		루트로닉	Clarity, spectra	

종류	시술 특징	제조사	대표 장비	제품 특징
HIFU (고강도 집속 초음파 에너지)	레이저 대비 피부 손상, 통증 완화	멀츠	울쎄라	미국 FDA 허가
	초음파 에너지를 SMAS 층(근막)에 전달	하이로닉	더블로	최초 국산 HIFU
	리프팅, 얼굴 라인 정리 특화	클래시스	슈링크	낮은 가격, 국내 HIFU 1위
	국내 업체를 통한 시술 가성비 확보			21년 말 슈링크 유니버스 국대 판매 계획,
		제이시스 메디칼	울트라셀 Q+	리니어/도트 카트리지 사용 한국, 유럽, 브라질 등 허가 md 인
		루트로닉	하이저	2021년 상반기 출시
		이루다	Hyzer me/eye	2H20 국내 출시
RF (고주파 에너지)	리프팅, 주름, 안색 개선, 지방 축소 등 효과 사용 범용성 및 국소 부위 시술 유리	인모드	인모드	FDA 허가
	고주파 에너지를 진피층, 피하지방까지 전달	비올	스칼렛	NMPA 허가, 마이크로 니들 사용
		솔타메디칼	써마지	FDA 허가
		제이시스메디칼	포텐자	미국 FDA, 유럽, 브라질, 싱가폴 허가 미국 싸이노슈어가 국내, 일본 외 글로벌 판매 담당
		이루다	시크릿 RF	

종류	시술 특징	제조사	대표 장비	제품 특징
RF (고주파 에너지)		클래시스	볼류머	21년 말 국내 판매 계획
		루트로닉	지니어스	
필러				
	히알루론산 워료 확보 측면에서 톡신 대비 낮은 진입 장벽	Galderma	Restylane	
	글로벌 필러 업체 700개 이상으로 추산	Allergan	Juvedrm	
	국산 필러 ASP 유럽산 50% 수준	LG화학	이브아르	중국 점유율 1위
	Allergan, Galderma 국내 점유율 60% 수준이나, 국산 제품 선호도 지속 증가	휴젤	더채움	
	2020년 국내 제품 중국 수출 비중 48%	휴메딕스	엘라비에	중국 중심 수출 성장세
	2018년 LG화학 이브아르 휴메딕스 엘라비에 중국 점유율 26%, 13% 추정	파마리서치	클레비엘	
		시지바이오	지젤리뉴	
보톡스				
	균주 확보 어려움 및 출처 논쟁	Allergan		세계 최초 보톡스
	의약품으로 품목 허가 까지 상당 기간 소요	Solstice Neuroscience		B형독소 제조 및 판매
	글로벌 톡신 업체 11개 추산	Ipsen		
	판매 허가 업체간 제품력 대동소이	Merz		

종류	시술 특징	제조사	대표 장비	제품 특징
	시술 단가 지속 하락, 국내 제품 가격 경쟁력 보유	Microgen		
	국내 점유율 휴젤 43%, 휴온스 5%, 대웅제약 8%, 메디톡스 35% 추산	휴젤	보툴렉스, 레티보	21.02 중국 NMPA 획득 21.03 FDA허가 신청
	2020년 국내 제품 중국 수출 비중 54%	메디톡스	메디톡신	20.12 국내 판매 잠정 중지
	국내 필러업체는 중국, 신흥국 중심으로 수출 동력 강화	대웅제약	나보타	
		휴온스글로벌	리즈톡스	휴메딕스, 휴온스 판매
		파마리서치	리엔톡스	동남아 수출, 21년 말 국내허가 계획

자료: 대신증권 Research Center

삼성바이오로직스

기업개요	• 삼성그룹의 계열사로 2011년 4월 설립되었으며, 국내외 제약회사의 첨단 바이오의약품을 위탁 생산하는 CMO 사업을 영위 • 2018년 cGMP 생산을 시작하여 2019년 말 기준 36.2만 리터 생산설비를 가동 중이며, 이 시장에서 선발업체를 추월해 생산설비 기준 세계 1위 CMO로 도약 • 동사의 바이오의약품 연구개발 자회사인 삼성바이오에피스와 아키젠바이오텍은 바이오시밀러 개발 및 상업화를 진행 중 [출처: 에프앤가이드]
가치분석	• 전체종목 시총 4위 이자, 제약·바이오 시총 1위 종목으로 삼성물산 43%, 삼성전자 31% 지분구성 • 성장성과 이익성이 매우 높지만, 최근 연도 PER 210으로 고PER주의 영역임
정보분석	• 글로벌 처방의약품 시장의 고성장 & 바이오제약 산업의 투자와 관심 증대 • 제2캠퍼스 증설 통해 CGT(세포유전자치료제), 백신 등 CDMO/CMO 사업 진출 가속화
차트분석	• 상장 이후 연봉상 6년 연속 양봉 상승을 한 전형적인 우상향 성장주의 차트를 보여줌 • 일봉상 2021년 8월 고점 후에 이평선 밀집하며 눌림목으로 물량 소화 과정을 보임

유한양행

기업개요	• 동사는 1926년 6월에 설립되었으며 의약품, 화학약품, 공업약품, 수의약품, 생활용품 등의 제조 및 매매를 주 사업목적으로 하고 있음 • 동사의 주요 사업부문은 약품사업부문, 생활건강사업부문, 해외사업부문으로 이루어짐 • 의약품사업부문의 주요 제품으로는 렉라자, 안티푸라민, 삐콤씨, 듀오웰, 코푸시럽 등이 있고 이외에도 에이즈치료제, C형간염치료제, 항생제 등을 수출사업에서 다루고 있음 <div align="right">[출처: 에프앤가이드]</div>
가치분석	• 기존 대형제약사 중에 종근당, 녹십자, 동아제약과 달리 유일하게 기업분할을 하지 않은 기업 • 안정적인 매출과 이익 그리고 낮은 부채비율을 보이지만 이익률은 낮은 편
정보분석	• 2022년은 렉라자의 선진시장 출시와 더불어 베링거와 길리어드향 NASH 치료제들의 마일스톤 수취도 가능할 전망 • 글로벌 신약 출시와 기술수출 파이프라인들의 개발 순항
차트분석	• 2021년 1월 고점을 형성한 후 중장기 이평선을 중심으로 비추세구간을 형성 중인 종목 • 시총대비 다소 낮은 거래대금이므로 단기매매에는 한계가 있고, 중장기투자가 가능해 보임

바이오플러스

기업개요	• 히알루론산(HA)을 주재료로 하는 의료기기인 더멀 필러, 유착방지제, 관절조직수복재 등의 제조 및 판매를 주요 사업으로 하고 있음 • Bio Beauty(히알루론산필러 등), Bio Medical Device(유착방지제, 관절조직수복재 등), Bio Cosmetic 부문에서 다양한 응용제품의 개발, 제조, 판매를 지속함 • 중국 하이난(海南)에 합자법인을 설립하고 현지에 연구소 및 생산기지와 의료기관 등 미용성형 복합플랫폼을 구축함 <div align="right">[출처: 에프앤가이드]</div>
가치분석	• 2021년 9월 신규상장된 종목으로 높은 매출성장성과 낮은 부채비율을 보임 • 특히 영업이익률은 50% 이상으로 상장기업 내 TOP 수준임
정보분석	• HA 필러 주력 업체로서 3Q21 기준 50%가 넘는 영업이익률과 `15년부터 `20년까지 약 79%의 매출액 연평균 성장률을 기록하며 실적과 외형 성장 • 중국 하이난에서 HA 필러와 유착방지제 허가가 가시화
차트분석	• 신규상장 이후 고점 43,000원과 저점 20,350원 사이에서 한 달간 주가 형성 중 • 상장 5일 만에 공모가 31,500원을 하향돌파한 이후 아직 공모가를 회복하지 못하고 있음

전기·수소차

▶ 지구를 지키는
전기·수소차

최근 수년간 글로벌 주식시장에서 가장 핫했던 기업은 테슬라이며 가장 핫했던 인물은 일론 머스크이다. 그 이유는 무엇일까? 단순히 성능 좋은 자동차를 만들어 자동차 산업을 발전시키고 자신의 기업을 성장시켰기 때문일까? 일론 머스크가 테슬라를 통해서 우리에게 미래를 보여주었기 때문이다. 테슬라가 보여준 미래형 자동차는 연료와 주행으로 나눌 수 있다.

이미 시작된 연료의 미래화는 수년 전과 달리 우리의 생활 속에 깊숙이 파고들었다. 테슬라를 선두로 거의 모든 완성차 기업들이 앞다투어 전기차 시장에 진입했다. 가장 큰 이유는 세계 각국 정부의 탄소 제로 정책 때문이며 지금은 선택사항인 가솔린차에서 친환경차로의 전환이 의무가 되는 시기가 다가오기 때문이다. 테슬라를 잡기 위해서 폭스바겐, GM, 포드 등 글로벌 완성차 업체들이 신차를 발표하고 있으며 우리나라의 현대·기아차도 이에 뒤지지 않으려 노력하고 있다.

전기차가 내연기관차와 가장 다른 부분은 2차전지 배터리인데 우리나라 기업 중에는 세계적인 2차전지 배터리업체가 3곳이나 있다. LG화학, 삼성SDI, SK이노베이션은 시가총액이 수년간 계속 증가했는데 이는 2차전지 산업이 성장성이 높았음을 보여준다. 다만 최근 LG화학이 LG 에너지솔루션을 물적분할했고 SK이노베이션 역시 2차전지 사업부를 물적분할한다는 계획을 밝힌 것은 주가 상승에 걸림돌이 되어 아쉬움이 남는다.

전기차의 시장점유율 확대수준에는 턱없이 부족하지만, 수소차 역시 성장에 가속도가 붙고 있다. 수소차는 전기차와 함께 탄소 중립을 실현할 대표적인 미래 친환경 차다. 다만 글로벌 자동차 기업 대다수는 전기차사업에 집중하고 있고, 현대차와 도요타 등이 수소차 개발에 적극적이다. 업계에서는 전기차가 승용차 위주로 성장하고 있다면 수소차는 버스와 트럭 등 상용차로 더 많이 보급될 것으로 보고 있다. 특히 우리나라의 경우 현대차의 수소경제 청사진에 맞추어 정부에서도 수소경제 인프라에 적극적인 정책들을 내놓았으므로 수소차의 성장을 지속적으로 관찰할 필요가 있다.

▶리포트 요약

▶22년 Keyword는 해외 증설과 원가 혁신

- 해외 증설 본격화: 한국 배터리 셀 3사 미국 투자 본격화
  신규 배터리 고객사 등장에 따른 유럽/미국 증설 추가적으로 진행

- 원가 절감: 원가개선 – 수직 계열화, 재활용 메탈 사용
  배터리 셀 / 소재 내 공정 혁신도 점진적으로 진행될 것

- Issue Check: LGES 상장. 중국 CATL 대비 저평가 되어있는 한국 배터리
  셀 관심 필요
  21년 대비 22년 시장 성장률은 ESS가 더 높을 것(+71% YoY) 예상

2021년 11월 29일 / 김철중 애널리스트 / 출처: 미래에셋증권

▶배터리백서 : 로드맵과 생태계

- 배터리 로드맵 및 생태계 분석
  : 전기차 배터리 시장 10년간 연평균 34% 성장 전망
  한국 배터리 3사는 High-Ni 등 기술력과 양산 능력, 유럽 및 미국
  현지 공장 통한 대응력, 공격적인 생산능력 확충과 리더십 기반으로 경쟁
  우위 유지할 것
  배터리 기술은 1) 에너지 밀도 향상, 2) 장수명, 3) 고속충전, 4) 원가
  절감 방향으로 지속 진화

  : 중국 전기차 침투율 상승에 따른 배터리 및 소재 시장 성장 지속 중.
  기술력 보유하고 있으며, 안정적으로 배터리 및 관련 소재를 대량으로
  납품한 레퍼런스가 있는 선두 기업 중심의 수혜는 지속될 것

  : 차세대 전지인 전고체전지는 바이폴라 구조 적용, 고출력 가능, 넓은
  작동 온도, 고전압 양극재 적용 등의 장점 보유

2021년 10월 5일 / 김지산 애널리스트 / 출처: 키움증권

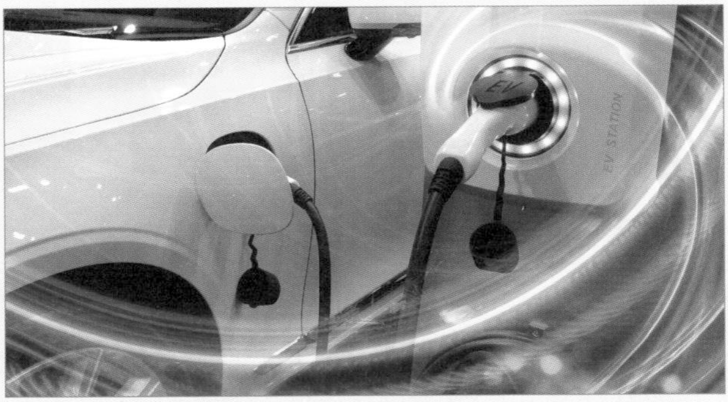

전기·수소차의 전기차 관련 예시

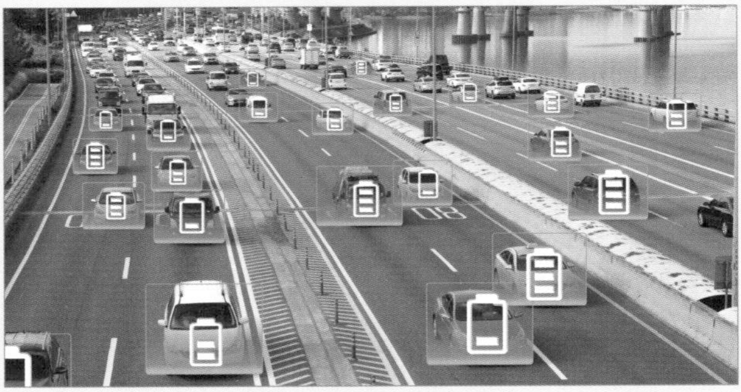

전기·수소차의 도로 위를 달리는 전기차 관련 예시

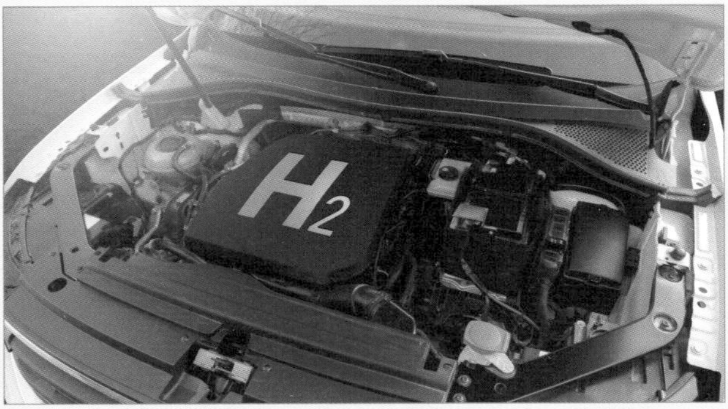

전기·수소차의 수소엔진 관련 예시

▶전기·수소차 관련주 총정리

EV 배터리 Supply Chain						
배터리	양극재	음극재	분리막	전해액	리튬염 및 첨가제	동박
LG 에너지 솔루션	Umicore	포스코 케미칼	Toray	Enchem	후성	일진 머티리얼즈
	Nichia	미쓰비시 화학	Senior	Guotai Huarong	천보	SK넥실리스
	엘앤에프	BTR	창신 신소재	Ube	미쓰비시 화학	솔루스 첨단소재
	포스코 케미칼		SKIET		Central Glass	Watson
	LG화학					CCP
삼성 SDI	Umicore	Mitsubish	WCP	동화일렉	천보	일진 머티리얼즈
	엘앤에프	BTR	Asai Kasei	솔브레인	미쓰비시 화학	SK넥실리스
	에코프로 BM	NOVONIX	Toray	Central Glass	Central Glass	솔루스 첨단소재
				미쓰비시 화학	천보	Watson
SK 이노베 이션	에코프로 BM	포스코 케미칼	SKIET	Enchem	미쓰비시 화학	일진 머티리얼즈
	엘앤에프	BTR		솔브레인	Central Glass	SK넥실리스
				중국/일본 업체 등		솔루스 첨단소재
						Watson

배터리	양극재	음극재	분리막	전해액	동박
CATL	Pulead	ShanShan	SEMcorp	Guotai-Huarong	Wason
	ShanShan	BTR	Cangzhou Mingzhu	Tinci-Kaixin	Nuode
	XTC	Putailai	Jieli	Capchem	CCP
			Senior		
Panasonic	Sumitomo	Hitachi	Sumitomo	Mitsubish	Nippon Denkai
	Nichia	JFE	Ube	Ube	Furukawa
		Mitsubish			SK 넥실리스

자료: 이베스트투자증권 리서치센터

▶국내 수소차 밸류체인

수소 인프라
- 이엠코리아, 엔케이: 수소충전소
- 현대제철: 부생수소

전장부품
- S&T모티브, LG전자: 구동모터
- 현대모비스: 전장/구동부품모듈
- 삼화전자: 전력변환모듈
- 뉴로스: 공기압축기
- 뉴인텍, 삼화전기: 콘덴서

수소저장장치
- 일진하이솔루스: 고압수소연료탱크
- EG: 고체저장장치
- 유니크: 수소제어밸브
- 세종공업: 수소센서, 수소제어밸브
- 효성첨단소재: 탄소섬유

연료전지스택
- 현대모비스: 연료전지모듈
- 현대제철: 분리판
- 상아프론테크: 분리막
- 동아화성: 가스켓
- 비나텍: MEA

운전장치
- 한온시스템: 수소차 공조/ 열관리 시스템 모듈
- 우리산업: PTC히터, COD히터
- 지엠비코리아, 대우부품: 전동식 워터펌프

자료: 유진투자증권

LG에너지솔루션

아직 상장되지 않아, LG화학의 차트를 참고용으로 삽입

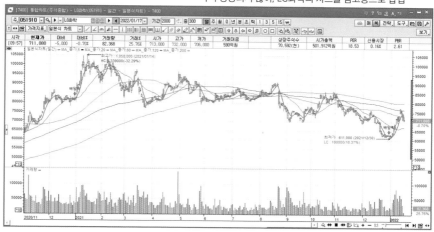

기업개요	• ㈜LG화학의 전지사업부문을 물적분할하여 설립되었으며 EV(Electric Vehicle), LEV(Light Electric Vehicle), ESS(에너지 저장 장치), IT 기기, 전동공구 등에 적용되는 전지 관련 제품의 연구, 개발, 제조, 판매하고 있음 • EV는 각국의 환경규제와 친환경 정책 확대에 따른 수요 증가로 높은 성장 가능성이 있는 사업이며, ESS도 신재생 에너지 발전 및 발전된 전력의 효율적 활용이 중요해짐에 따라 수요가 확대되고 있음. 또한, 스마트폰 및 웨어러블 등 IT 기기의 보급이 확대되고 있으며 전기자전거, 전동휠 등 다른 신규 Application 수요도 증가하고 있음 [출처: 사업보고서]
가치분석	• 2020년 12월 1일 물적분할로 배터리사업부를 별도법인으로 신설 • 2022년 1월 27일 상장 예정으로 예상 시총은 60~70조
정보분석	• 전기차 판매량 고속 성장과 전기차당 배터리 용량 증가의 이중 수혜 • LGES가 미국의 자국산구매우선법(Buy America) 정책의 최대 수혜 기업
차트분석	최근 대형 신규 상장주인 카카오페이, 카카오뱅크, 크래프톤 등의 차트를 공부할 필요 있음

일진머티리얼즈

기업개요	• 스마트폰 등 모든 IT 전자제품과 리튬이온 2차전지용 음극 집전체에 사용되는 일렉포일의 제조 및 판매 목적으로 설립 • I2B 제품이 리튬2차전지 음극집전체용 일렉포일로 사용되고 있음 • 새로운 시장인 전기자동차, ESS등 중대형 전지시장의 성장에 따른 2차전지업체의 일렉포일 수요에 대응하기 위하여 I2B 공급능력을 단계적으로 확보하고 있음 [출처: 에프앤가이드]
가치분석	• 국내 시장점유율 1위의 일렉포일 생산업체로 안정적인 매출과 이익률 유지 • 영업이익률 증가하여 10% 이상이며, 부채비율은 30% 미만이지만 PER는 60으로 높은 편임
정보분석	• 이차전지용 동박 생산능력은 올해 말 5.5만 톤에서 2025년에는 10만 톤 이상으로 확대 전망 • 세계최대 생산능력보유, 글로벌 TOP 3 고객보유, 차세대 선도기술 보유
차트분석	• 최근 7년 동안 연속 양선으로 중장기 성장하고 있는 대표적인 성장주 차트 • 최근 1년 이상 120일선 지지를 받으며 눌림목을 형성하며 신고가를 최근까지 갱신하였음

엔시스

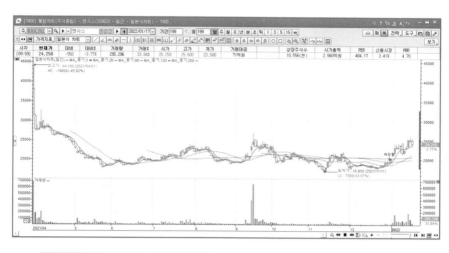

기업개요	• 동사는 2차전지 배터리 생산 공정별 비전검사장비와 태양전지 셀 및 모듈 제조설비 장비 등을 고객의 니즈에 맞게 주문생산 납품하는 사업을 영위하고 있음 • 2차 배터리 전 생산공정(전극/조립/활성화/모듈 및 Pack)에 동사의 머신비전검사장비가 납품되고 있음 • 신규 사업으로 전고체 배터리 개발 관련 "머신비전검사장비" 업그레이드, 자동화공정 식품군 검사장비 등을 추진 <div align="right">[출처: 에프앤가이드]</div>
가치분석	2차전지 제조에 필요한 모든 공정의 단계별 검사장비라인업을 갖춘 국내 유일의 업체이며, 주요 매출처가 LG에너지솔루션이라는 것이 핵심. 재무제표 매력은 높지 않은 종목
정보분석	• LG에너지솔루션 상장관련주에 편입된 2차전지 장비주 • 2022년 국내 및 해외 업체의 국내/유럽/미국 공장 증설 및 신규투자와 관련된 발주가 나올 것으로 예상
차트분석	2021년 4월 신규상장 이후 하락조정을 겪었으나 최근 바닥을 확인하고 저점을 높이며 반등 중인 차트 저점과 고점 사이의 신규 상장주의 핵심은 고점돌파 가능성이 높은지에 주목하는 것임

자율주행차
(카메라 포함)

▶점점 다가오고 있는 미래
자율주행차

연료의 미래화가 이미 진행된 지 오래라면, 주행의 미래화인 자율주행은 이제 시작인 만큼 주식투자자라면 반드시 관심을 가져야 한다. 전기차 분야는 기존 완성차 업체들이 성장시키고 있다면 자율주행 분야는 우리가 잘 알고 있는 빅테크 기업들이 너도나도 참여하고 있다. 구글, 인텔, 아마존, 애플까지 모두 자율주행차 시장에 뛰어든 것은 자율주행이 막연한 것이 아니라 시간문제이고 반드시 맞이할 미래세계임을 보여준다.

자율주행의 아주 기본적인 기능들은 이미 시작되었지만, 자율주행의 최종목표는 무인차다. 무인차가 도입되면 사람들은 운전을 직접 하지 않고 뒷자리에서 잠을 자거나 업무를 보는 일이 가능해진다. 자율주행을 위해 필요한 많은 부품이 있는데 카메라도 그중에 하나이다. 갈수록 스마트폰에 카메라가 많아지고 고성능화되는 것을 생각한다면 자율주행에 얼마나 많은 카메라가 필요한지 예상할 수 있다.

우리나라 산업 구조에서 자율주행이 중요한 이유는 현대차와 기아차라는 세계적인 완성차 제조기업이 있기 때문이다. 2차전지 배터리업체가 비약적인 성장을 이루었듯이 자율주행 산업도 성장할 수밖에 없다. 또한, 자율주행의 수요는 대체가 아니라 신규수요 창출이 가능한 것으로 20년 전 전화기와 유선통신을 사용했던 과거와 스마트폰과 무선통신을 사용하고 있는 현재를 비교하면 된다.

스마트폰과 무선통신이 1990~2000년 밀레니엄 시대를 기점으로 폭발적인 성장을 보여줬듯이 향후 다가오는 미래에서 자율주행 산업이 폭발적으로 성장하리라는 것은 자명한 일이다. 주식투자자의 한사람으로서 현대·기아차와 함께 우리나라에서 자율주행의 미래를 선도할 빅테크 기업이 탄생하길 간절히 바란다.

▶리포트 요약

▶다시 움직일 자율주행 테마

- 내년 자율주행 레벨3 상용화와 레벨4 실증 연구 진행
  : 애플카 기대감에 이은 모빌아이 상장계획
  : 단계별 순차적인 상용화 형태로 기술 발전 기대
  : 완전 자율주행까지는 멀지만, 단계적인 기술 발전 예상

- 자동차 업황 개선에 이어 자율주행 테마 부각 기대
  : 전장 밸류체인에 관심을 가져볼 필요가 있음
  : 자율주행을 위해 전장화가 필요하고 이는 자동차의 전자제품화를
    의미할 수 있다.

  2021년 12월 15일 / 최유준 애널리스트 / 출처: 신한금융투자

▶자율주행 산업 미리보기

- 자율주행 산업의 성장성
  : 국내외 개발 현황에 따르면 2021년 약 5만 대에서 2040년
    약 3천3백만대로 가파른 성장을 기록할 전망

- 자율주행의 혜택: 자율주행의 가장 큰 혜택은 안전과 차량 내 시간 활용

- 센서 발전이 가져온 인지 역량의 성숙
  : 자율주행 작동 메커니즘은 크게 인지-측위-경로 계획(판단)-제어로 구성

- 자율주행 카메라의 발전 방향성
  : 자율주행 차량용 카메라는 IT 기기용 대비
  1) 대량의 데이터 분석이 필요하고(컴퓨팅 능력)
  2) 원거리를 탐지하기 위한 높은 해상도가 요구되며
  3) 외부 노출 및 항시 구동에 따른 높은 내구성이 필요(진동, UV, 먼지
     노출, 내열 및 방수 등)

- 인공지능에 기반한 판단 역량 강화의 중요성

  2021년 9월 14일 / 김민선 애널리스트 / 출처: 키움증권

자율주행 시행 내부 예시

도로 위를 달리는 자율주행 자동차 관련 예시

네트워크가 형성된 도로 위 자율주행 관련 예시

▶ 자율주행차 관련주 총정리

자율주행 레벨별 특징 및 상용화 시기

운전자 개입 유/무	레벨	특징	상용화 시기
운전자 개입 필요	0 No Driving Automation	완전 수동	-
	1 Driver Assistance	부분 보조 주행 (크루즈 컨트롤)	1960년대
	2 Partial Driving Automation	ADAS를 활용한 완전 보조 주행 가능	2010년대
시스템 조종 가능	3 Conditional Driving Automation	부분 자율 주행으로 환경 감지 및 시스템 의사결정 가능	2020~2025
	4 High Driving Automation	대부분 상황에서 자율 주행, 제한된 구역에서만 이용	2025~
	5 Full Driving Automation	핸들, 엑셀/브레이크 없음. 모든 조건에서 상시 자율주행	2030~

자료: 미국자동차공학회, 신한금융투자

국내 전장부품 및 자율주행 관련 기업 정리

대분류	소분류	관련 기업
소프트웨어		현대오토에버, 오비고, 한컴MDS, 인포뱅크
센서	카메라 모듈	삼성전기, LG이노텍, 엠씨넥스, 옵트론텍
	이미지 센서	삼성전자(CIS)
	ISP	넥스트칩

대분류	소분류		관련 기업
컨트롤러	개별소자	MLCC	삼성전기, 삼화콘덴서, 아모텍
	IC	MCU	텔레칩스, 어보브반도체, LX세미콘
		TCU	삼성전자, LG전자
		로직IC	텔레칩스(인포테인먼트 AP, PMIC)
		아날로그IC	KEC(디지털콕핏 터치스크린용 전력반도체)
		패키징	해성디에스
액츄에이터	ADAS		만도, 현대모비스

자료: 언론 자료, 신한금융투자

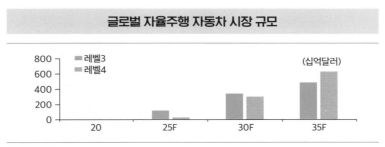

자료: 소프트웨어정책연구소, 신한금융투자

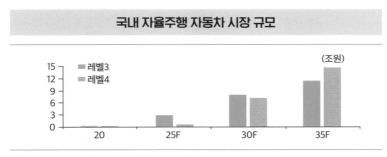

자료: 소프트웨어정책연구소, 신한금융투자

삼성전기

기업개요	• 동사 주요 사업은 수동소자(MLCC, 칩인덕터, 칩저항)를 생산하는 컴포넌트 사업부문, 카메라모듈과 통신모듈을 생산하는 모듈 사업부문, 반도체패키지기판과 경-연성 인쇄회로 기판을 생산하는 기판 사업부문으로 구성됨 • 수원, 세종시, 부산에 공장을 보유함. 국내외에 자회사 15개, 손자회사 1개를 보유함 • 삼성전자와 그 종속기업, 중국 샤오미가 주요 고객사로, 주요 매출처에 대한 매출 비중은 전체 매출액 대비 약 38.5% 수준임 [출처: 에프앤가이드]
가치분석	• MLCC 글로벌 2위 업체이자 카메라 모듈사업을 영위 중 • 최근 3년 동안 매출액, 영업이익, 당기순이익 증가하며 성장성 확인 • 50%대의 낮은 부채비율과 15%대의 영업이익률, 성장성에 비추어 낮은 수준인 PER12 유지
정보분석	• 2022년 MLLC, 반도체 기판, 카메라모듈 등 전체 사업 호조 예상 • XR 기기 전용 디스플레이 기업인 미국 DigiLens사에 투자 (카메라 및 3D 모듈, 디스플레이 모듈 중심으로 성과를 확대)
차트분석	• 5년 연속 연봉상 양봉상승하면서 성장주 증명하는 차트 완성 • 2021년 1월 고점형성 후 1년간 박스권 조정 진행 중이며 최근 정배열 전환 진통과정 중

오비고

기업개요	• 동사는 2003년 3월 설립되었으며, 스마트카 소프트웨어 플랫폼 개발 및 판매업을 주요 사업으로 영위함 • 소프트웨어 솔루션 및 콘텐트 서비스 사업의 두 개의 축으로 자동차 차량제조사(OEM), 차량공급사(Tier1) 및 통신사를 고객으로 하는 B2B 사업을 영위함 • 스마트카 콘텐트 서비스 사업은 시작단계로 차량용 인포테인먼트 서비스 중심으로 지역별 서비스(음악, 날씨 등)를 오비고 소프트웨어 플랫폼 기반으로 제공하고 있음 [출처: 에프앤가이드]
가치분석	2021년 7월에 신규상장한 기술성장기업부소속 종목으로 적자지속 중으로 재무제표 가치는 높지 않으나 성장성이 돋보이는 종목임
정보분석	• 성장하는 커넥티드카 소프트웨어 과점업체로서 시장의 성장으로부터 수혜 • 해외완성차 업체부터 국내완성차 업체까지 다수의 납품 레퍼런스 보유
차트분석	상장 이후 하락조정을 겪은 이후 공모가 14,300원에서 바닥을 형성하고 저점을 높이며 상장 당시 터진 물량소화 과정이 진행되고 있음. 신고가 가능성을 지켜볼 것

팅크웨어

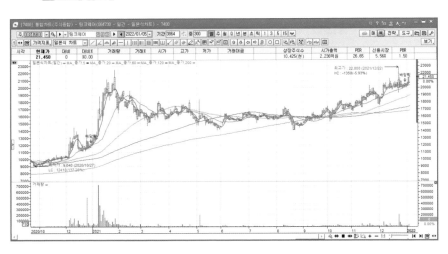

기업개요	• 내비게이션 및 차량용 블랙박스, 위치기반서비스 사업을 영위 • 아이나비 내비게이션, 고화질블랙박스 출시, 차선이탈정보, 전방추돌 경고등 운전 편의성 높임 • 증강현실 및 ADAS 등 차별화된 기술을 기반으로 사업포트폴리오 다양화 성공, 향후 통신사 및 보험사와 연계하여 5G, AI, 빅데이터 등 기술을 탑재한 지능형 커넥티드 서비스 지원할 계획 <div align="right">[출처: 에프앤가이드]</div>
가치분석	• 유비벨록스가 지분 26%를 보유하고 있으며 국내 블랙박스 시장점유율 1위 업체 • 안정적인 매출액과 이익을 유지하고 있으며 3,000%가 넘는 높은 유보율이 특징
정보분석	• 42dot / NHN과 자율주행 협업 진행 중 • 빌트인캠은 FCA / 폭스바겐 / 볼보 등 해외 OEM 중심으로 매출증가하고 있으며, 국내 완성차 업체들과도 공급 협상을 진행 중. 또한, BMW와도 공급계약소식
차트분석	• 2021년 1월의 고점을 12월에 뚫으면서 전고점 매물소화를 착실히 거쳤음 • 완전정배열 초기 형태로 아직 강한 시세탄력 분출 전단계를 지나고 있는 중

5장

메타버스
(엔터 포함)

▶ 타요타요
메타버스 타요

최근, 페이스북이 회사명을 '메타'로 변경했다. 페이스북이 사명변경을 했다는 것은 삼성전자가 사명변경을 한 것만큼 큰 사건이며, 그 바뀐 이름이 '메타'라는 것은 '메타버스'의 미래가치가 얼마나 큰 것인지를 나타내는 것이다. 이건 '메타버스'가 하루 이틀 재료가 절대 아니라는 증거다. 페이스북이 가지고 있던 브랜드가치를 버리고 메타버스 산업의 미래에 베팅했는데, 페이스북 관계자들이 바보가 아니라면 메타버스의 세계는 우리가 생각하는 것보다 훨씬 더 큰 세계라는 의미다.

현재 메타버스 플랫폼은 어린이와 청소년들이 사용하고 있지만, 곧 사용자층이 확대될 것이다. 최근 수년간 진화한 플랫폼인 네이버 블로그와 다음카페, 카카오톡 그리고 유튜브만 봐도 그렇다. 처음에는 주류 플랫폼이 아니었고 사용자층도 젊은 세대로 제한되어 있었다. 그러나 지금은 어떤가? 요즘은 5, 60대가 유튜브를 제일 많이 본다고 한다. 상상도 안 해본 세계가 현실이 된 것이다. 시간이 지나면 메타버스의 세계도 앞의 플랫폼이 걸었던 길을 걷게 될 것이다.

비대면 강의나 회의를 할 때 보통 ZOOM을 이용하는데, 메타버스 내에서 강의를 하는 곳도 생겨나고 있다. CU 편의점이 제페토 공간에서 한강 공원 지점을 내고 세계의 명품들이 메타버스 가상공간에 입점하고 있다. 이러한 기사들이 연초부터 끊임없이 나왔고, 메타버스에 대한 서적들이 앞다투어 출간됐다. 그런데 주가는 여름에 한 번 가을에 한 번 하반기에 두 번이나 크게 움직이며 하반기 상승률 상위종목에 게임주와 함께 메타버스 관련주가 대다수를 차지했다.

메타버스 산업의 핵심은 일단은 플랫폼 운영기업들이다. 여기서 나아가 하드웨어적 기기들, 그 기기에 들어가는 렌즈와 디스플레이들이 주목받게 될 것이다. 또한, AR, VR 기술을 구현하는 소프트웨어 기업들의 움직임도 지켜봐야 한다.

그다음은 바로 콘텐트다. 우리가 메타버스라는 가상의 공간에 들어가는 이유는 실제 공간과 유사한 것들을 보기 위해서이기 때문에 메타버스 공간은 게임, 엔터와 세트로 움직일 수밖에 없다. 지금 나온 메타의 로블룩스도 게임 플랫폼이고, 국내의 하이브의 시총이 한계를 모르고 올라가는 이유도 BTS라는 세계적 보이그룹을 등에 업고 '위버스'라는 팬덤 플랫폼을 가지고 있기 때문이다. 따라서 메타버스 산업이 성장할수록 게임과 엔터 등 콘텐트산업은 메타버스와 동반 성장할 것이다.

게임은 장을 달리 설명하니 여기서는 엔터산업에 대해서 간략히 설명한다. '대장금' '겨울연가' 등 오래전부터 불어왔던 한류열풍이 식기는커녕 해가 갈수록 더 뜨거워지고 있다. 최근 수년간 한국문화의 위상을 드높였던 BTS의 세계적인 인기부터 '기생충-미나리-오징어 게임'으로 이어지는 한국영화, 드라마의 흥행 성공은 그 끝을 가늠할 수 없다. 이제는 영국 웸블리 스타디움에서 BTS 공연에 수만 명의 외국 팬이 한국어 가사를 따라 부르는 장면이 어색하지 않다. 넷플릭스 역사상 최다 조회수를 기록한 오징어 게임 속 트레이닝복을 입은 넷플릭스 CEO의 모습도 놀랍지 않다.

과거 아시아 시장에 한정되었던 한류가 글로벌 플랫폼의 확대 및 콘텐트 경쟁력 강화로 전 세계로 그 영역을 넓히고 있다. BTS가 속한 하이브의 시가총액을 보면 14조 원이 넘는다. 이는 우리나라 엔터시장의 크기만으로는 절대로 불가능한 시가총액이다. 즉, 우리나라에서 글로벌 엔터기업이 탄생했다고 볼 수 있다. 이제 엔터산업은 강력한 수출산업이 되었으며 그런 의미에서 엔터주는 계속 관심을 가질 필요가 있다. 메타버스와 연계해서 생각한다면 더욱 그러하다.

▶리포트 요약

▶메타버스 투자지도: 우린 이제 어디로 가나?

- 열광 이유: 모바일 잇는 차세대 플랫폼
  ① 경제적 가치: 현실을 초월한 가상공간
  ② Z세대: Z세대, 포스트 팬데믹 경제의 주축
  　　　　　　디지털 네이티브, 기존 세대보다 월등한 디지털 활용성
  ③ Big Tech: Big Tech가 일제히 노리는 차세대 플랫폼

- 본격 개화: 마지막 조건은 하드웨어와 5G
  ① 하드웨어: 메타버스는 AR/VR뿐 아니라 전체 H/W 혁신을 야기
  　　　　　　경쟁 심화에 따른 기술 발전 및 보급 확대 기대
  ② 5G: 5G로 완성되는 메타버스

2021년 11월 18일 / 조용민 애널리스트 / 출처: 신한금융투자

▶유흥주점: AKA, 누가 유흥의 메인을 차지할 것인가?

- 안 놀면 뭐 하니?
  ① 의/식/주 그리고 유흥: 인간은 유희적 동물
  ② 진화하는 유흥문화: 시대별 주요 놀이문화는 변화하고 진화한다.
  ③ 메타버스의 핵심은 컨버스: IP-콘텐트-플랫폼이 유기적 관계

- 메타버스 노선도
  ① 메타버스 어디서 타나요?: 증강현실, 라이프로깅, 거울세계, 가상세계
  ② 메타버스 탑승자 A to Z: 즐기는 단계 - 구체화 단계 - 실생활단계

- 음원에서 메타버스까지, 흥의 핵심은 Originality
  ① 콘텐트 플랫폼이 흥하기 위해서는 오리지널이 필요

- 컨버스: Con[tent] [Uni]verse
  ① 모든 것은 Content Universe에서 이어진다.
  ② 컨버스 사는 데 쓰는 돈: NAVER, 카카오는 콘텐트 시장 영역 확대 중
  ③ IP 전쟁의 승리자는 Webtoon, OTT 경쟁에 넘쳐나는 돈

2021년 06월 15일 / 황현준 애널리스트 / 출처: DB금융투자

메타버스 관련 네이버의 제페토 실제 홈페이지 메인 화면(©zepeto.me)

K 콘텐트 관련 기생충 영화 포스터(출처: 네이버 영화)

K 콘텐트의 글로벌화 예시

▶메타버스 관련주 총정리

메타버스 관련 업체: 국내 상장사		
기업명	장르	내용
네이버	콘텐트, 엔터, 플랫폼	- 증강현실(AR) 아바타 서비스인 제페토 운영 중. 3D 아바타를 통해 다른 이용자와 소통, 가상현실 경험 가능 - 누적 가입자 2억명 이상, 10대 비중 80% 이상. 해외 가입자 비중 90%
하이브	엔터, 플랫폼	- 멤버십 기반 글로벌 팬덤 플랫폼 위버스 운영 중. 팬들은 위버스에서 아티스트와 소통하고 콘텐트를 소비 - BTS 등 16팀의 아티스트 소속. 1Q21기준 MAU 490만명으로 세계 최다. 네이버, 와이지, 유니버설 뮤직 그룹 등과 협업 중. 세계적인 아티스트 입점 예상
엔씨소프트	플랫폼	- 멤버십 기반 글로벌 팬덤 플랫폼 유니버스 운영 중. 팬들은 유니버스에서 아티스트와 소통하고 콘텐트 소비 - 오마이걸, 강다니엘 등 14팀의 아티스트 소속. 위버스 이어 2위 수준의 팬덤 플랫폼
에스엠	엔터, 플랫폼	- 메타버스 세계관 아이돌 에스파가 활동 중. 아바타 멤버가 존재하고, 아바타 멤버들도 다양한 콘텐트와 프로모션으로 활동 - 추후 오프라인 멤버들과 아바타 멤버들간의 콜라보레이션 등으로 활동 범위 확장 계획 중
SKT	콘텐트/기술	- 증강현실(AR), 가상현실(VR) 등 혼합 협실 사업 강화에 힘쓰는 중. 메타버스 플랫폼 점프 버추얼 밋업 운영. 실제 모임같은 현장감 제공하는 가상 컨퍼런스 공간 구현 - 순천향대 신입생 입학식을 점프 버추얼 밋업을 통해 구현. 현실과 가상을 넘나드는 모임과 소통이 가능하도록 적극 지원 및 글로벌 시장 진출을 도모
KT	콘텐트/기술	- 동사를 필두로 ICT 기업들과 메타버스 원팀 구성. 정기적인 교류로 국내 메타버스 기술을 발전시키고 서비스를 확대할 방안을 모색 - 홈쇼핑 3사의 채널에서 방송하고 있는 상품을 스마트폰과 TV 화면에 3D 콘텐트로 구현한 AR 쇼룸 런칭

기업명	장르	내용
LGU+	콘텐트/ 기술	- 5세대 통신(5G) 증강현실(AR)글래스 'U+리얼글래스' 를 출시 - AR·VR과 같은 콘텐트 제작·수급과 유무선 융복합 기 술개발에 5년간 2.6조원 투자를 집행할 계획 - 세계 첫 5G 콘텐트 연합체 'XR 얼라이언스' 의장사
CJ ENM	콘텐트/ 플랫폼	- DIA TV 활용해 콘텐트 제작하거나 가상 인플루언서 육성 사업에 투자 - XR 콘텐트 제작업체 애니펜 등과 업부 협약으로 가 상현실 키즈 콘텐트 제작 예정 - K-con 등 음악 및 콘서트에도 가성 현실 적용하여 글 로벌 콘서트 등 진행 가능
위지윅 스튜디오	VFX	- 메타버스 콘텐트 제작을 위한 밸류체인 구축 노력 - 자회사 엔피를 통한 버추얼&뉴미디어 제작 역량 강 화, 고즈넉이엔티 인수를 통한 원천 IP 확보, AR 전문 기업 시어스랩 지분투자 등으로 모회사 CG/VFX 역 량과의 시너지 기대
자이언트 스텝	VFX	- VFX을 바탕으로 실감형 영상 콘텐트 제작 역량. XR 콘텐트 및 버추얼 캐릭터 사업 진출 속도 낼 전망 - 네이버가 지분 투자를 하였고, 네이버나우를 통해 XR 콘서트, 아이유 XR 팬미팅 진행 등. 걸그룹 에스파 아 바타 제작에도 참여
덱스터	VFX	- 아시아 최상위권 VFX 기업으로 다양한 AR, VR 콘텐 트 제작 레퍼런스 소유. '신과 함께 시리즈', '백두산', ' 아스달연대기', '승리호' 등이 대표적 - 유미의 세포들 소셜 VR툰 출시 계획. 로블록스와 유 사한 플랫폼. 이외에도 VR게임인 신과함게 VR- 방탈 출 등 출시 예정
알체라	AI얼굴 인식 기술	- 인공지능 영상인식 솔루션 기업. 네이버 자회사 스노 우가 최대주주. 스노우에 AI 얼굴인식기술 제공. 얼굴 인식에 있어서 인정받는 기술력 보유 - 스노우와 조인트벤처로 '플레이스에이'설립. 신체의 빠른 움직임까지 정교하게 실시간으로 가상 환경에 복제하는 실시간 전신 인식기술. 스노우에 3D 얼굴 분석 기술 공급

자료: DB금융투자

NAVER

기업개요	• 동사는 국내 1위 포털 서비스를 기반으로 광고, 쇼핑, 디지털 간편결제 사업을 영위하고 있으며, 공공/금융 분야를 중심으로 클라우드를 비롯한 다양한 IT 인프라 및 기업향 솔루션 제공을 확대해가고 있음 • 웹툰, Zepeto, V LIVE 등 다양한 콘텐트 사업을 통해서도 글로벌 사업 기반을 확장하고 있는 ICT 기업임 • 네이버파이낸셜, 네이버 클라우드 등 연결대상 종속회사 76개를 보유함 [출처: 에프앤가이드]
가치분석	• 전체 시총 3위 기업이며, 4차산업혁명 관련 시총 1위 기업 그리고 '제페토' 운영 중 • 안정적인 매출과 20%대의 높은 영업이익률 그리고 30% 내의 낮은 부채비율
정보분석	• 2022년 해외사업에서 성장 모멘텀이 한층 강해질 것으로 전망 • 플랫폼 사업의 성장잠재력 및 전 세계적인 방향성은 확고부동하며 대표적인 종합 플랫폼 업체
차트분석	• 2021년 7월 고점을 형성한 후 12월까지 조정 중이며 200일선을 하향 돌파 • 현재 역배열진행 중이라 조정의 기간이 길어질 수도 있음

하이브

기업개요	• 동사는 엔터테인먼트 기업으로서 글로벌 아티스트를 육성하고 최고 품질의 음악 기반 라이프 스타일 콘텐츠를 제작 및 서비스하고 있음 • 동사는 레이블(Label) 영역, 솔루션(Solution) 영역, 플랫폼(Platform) 영역으로 나눠 음악 콘텐츠를 제작 및 서비스함 • 동사는 매출을 앨범, 공연, 광고·출연료 및 매니지먼트, MD 및 라이선싱, 콘텐츠, 팬클럽 등으로 구분하여 관리하고 있음 [출처: 에프앤가이드]
가치분석	• 엔터주 시총 1위 기업으로 최초로 15조 돌파 • 글로벌 인기그룹 BTS와 자체 플랫폼 위버스가 수치로 따질 수 없는 무형자산 • 높은 매출성장률과 안정적인 영업이익률, 반면 PER은 100에 가까운 매우 높은 수치임
정보분석	• IP 중심의 신사업을 통해 아티스트 직접매출 의존도를 낮추고 다채로운 매출 발생 • 본격적인 오프라인 월드투어 재개
차트분석	• 2020년 10월 신규상장 이후 3개월 정도의 짧은 조정을 거치고 2021년 내내 역사적 신고가를 갱신한 성장주 차트 • 현재는 120일선 위에서 눌림목 조정 중

알체라

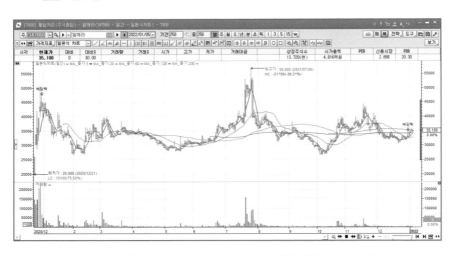

기업개요	• 동사는 인공지능 솔루션 연구 및 개발업, 인공지능 기반 제품의 개발, 생산 및 판매업, 소프트웨어 개발 자문 및 공급업을 주요 사업으로 영위 • 안면인식 기반의 결제 시스템을 구축하여 모바일 뱅킹에 적용하고, 공공기관 등에서 출입과 출퇴근까지 관리할 수 있는 모델 제공 • 이상 상황 감지 기술 분야에서는 AI로 연기의 확산패턴인식 기술을 개발하여 원거리에서도 산불 감시가 가능하며, 사람의 움직임을 실시간으로 추적하는 기술을 제공함 <div style="text-align:right">[출처: 에프앤가이드]</div>
가치분석	• 2020년 12월 신규상장기업으로 스노우의 15% 지분이 큰 특징 • 기술성장기업부 소속으로 상장 이후에도 이렇다 할 매출이 발생하지 않고 적자 지속 상태임
정보분석	• 스노우와 AI 전문 합작사 '플레이스A'를 설립했으며, 이를 통해 국내 대표 메타버스 플랫폼인 네이버 제페토에 실시간 전신인식 기술을 독점으로 탑재 • 국내 인공지능(AI) 영상인식 분야 절대 강자
차트분석	신규상장 이후 저점 20,000원, 고점 56,800원을 형성했으며 현재 35,000원 근처에서 이평선수렴하고 있는 조정단계임

게임
(NFT 포함)

▶ P2E 게임도 하고 돈도 버는
즐거운 세상

2021년 연간 상승률 상위종목들을 보면 위메이드, 데브시스터 즈, 컴투스홀딩스가 상승률 5위안에 포진되어 있다. 게임주를 봐야 하는 이유는 아주 명확하다. 추세매매 관점에서 보면 2021년 하반 기를 주름잡았던 주도주 섹터인 게임주를 2022년에 안 볼 이유가 없다. 왜 올랐는지를 파악하고 오른 재료가 유효하다면 지속해서 관찰해 나가야 하는 것이 성장주 투자의 핵심이기 때문이다.

게임주 상승의 대장주였던 위메이드는 왜 올랐을까? 위메이드 가 올라간 이유는 가상화폐와 연관이 있다. 가상화폐인 '위믹스'가 가상화폐거래소인 '빗썸'에 상장이 되어 있는데 위메이드의 게임인

'미르4'에서 아이템인 '흑철'을 모으면 위믹스로 바꿀수 있고, 위믹스는 빗썸에서 현금으로 바꿀 수 있는 구조다.

위메이드 이전의 모든 게임은 무과금으로 노가다를 뛰든 돈으로 사든지 해야 게임이 가능했다. 하지만 이제는 위메이드의 미르4처럼 게임을 하며 돈을 버는 Play To Earn 즉, P2E 시대가 열린 것이다. 사실 과거에도 리니지게임의 아이템이 수천만 원에 아이템거래소에서 거래되고는 했지만, P2E는 게임 내에서 번 돈(가상화폐)을 현금화할 수 있다. 따라서 게임회사와 가상화폐 거래소는 협업수준을 넘어서 하나의 비즈니스가 되고 있어, 가상화폐 쪽 거래소 지분을 갖고 있거나 코인 개발을 하는 재료가 있는 기업에 관심을 가져야 한다.

여기서 또 하나의 개념인 NFT(Non-Fungible Token)가 나온다. 희소성을 지니는 블록체인 기반의 토큰으로 대체 불가능한 토큰이라고 불린다. 즉 비트코인처럼 1개의 비트코인의 가격이 같아 대체가 가능한 것이 아니라 디지털화 가능한 아이템에 고유의 일련번호를 넣는 기술을 적용하여 세상에 하나밖에 없는 것을 만드는 것이다.

이런 디지털 증명서 개념을 도입하면 예술품과 인터넷게시물, 사진 등의 디지털 자산화가 가능하고, 영상, 이미지, 미술품 등 다양한 분야에 접목이 가능하다. 이 다양한 분야 중에 게임산업과의 접목이 현재 가장 성장성이 높게 나오고 있는 것이다.

게임산업에 주목해야 할 이유가 또 하나 있다. 앞서 설명한 메타버스 때문이다. 세계 최고의 메타버스 플랫폼인 로블록스는 원래 게임 플랫폼이다. 일반인도 손쉽게 게임을 만들 수 있는 툴과 이를 공유해 즐길 수 있는 플랫폼을 동시에 제공하는 게임 플랫폼인데 가상세계에서 게임을 만들고 놀다 보니 자연스럽게 메타버스로 진화했다.

로블록스의 메타버스 공간에서 유저들은 명품을 구매하고, 영화를 보고 콘서트를 관람한다. 이처럼 NFT와 메타버스와 유기적으로 연결되고 수익화 할 수 있는 부분이 높으므로 게임산업의 성장성은 매우 높다고 할 수 있다.

▶리포트 요약

> **▶ 코인과 NFT, 이것이 미래다**
> - NFT가 쏘아 올린 블록체인 산업의 성장 가능성
>   ① 블록체인 기술 기반의 NFT가 비로소 이 문제를 해결했다.
>   ② 또한 NFT는 현존하는 다른 기술로는 대체할 수 없다.
>   ③ 거래속도, 거래비용, 디지털 콘텐트의 안전한 파일 관리 등의 문제 역시 새로운 블록체인과 관련 어플리케이션의 개발로 빠르게 해결 중이다.
>
> - NFT 활성화는 탈중앙화 플랫폼 성장으로 이어질 것
>   : 탈중앙화 플랫폼은 참여자에게 가상화폐를 지급하는 방식으로 경제적 유인을 제공한다. NFT를 통해 가상자산의 가능성에 대한 기대가 높은 여건을 감안하면, 탈중앙화 플랫폼으로의 참여 유인은 충분하다.
>
> - 화폐, 그 이상의 가치를 확인시켜주며 기존 금융산업도 가상자산 시장에 진입
>   : 가상자산이 화폐적인 성격만 강할 때는 기존 금융산업 입장에서는 무시하고 견제해야 할 대상이었다. 그러나 탈중앙화 플랫폼으로서의 성격이 부각되자, 이제는 투자해야 할 대상으로 빠르게 변화하고 있다.
>
> 2021년 12월 03일 / 이학무 애널리스트 / 출처: 미래에셋증권

▶NFT, 디지털자산 유통의 혁신

① NFT(Non Fungible Token. 대체 불가 토큰)란? 토큰은 어떤 가치와 의미를 담은 증표. 블록체인 상에서 고유한 인식값(코드값)이 부여되어 상호 대체가 불가능한 디지털 자산(디지털 파일). 일반 디지털파일은 토큰이 아니나 고유값의 부여로 고유성/유일성이 부여된 디지털파일은 토큰이 되는 것임. 그것도 고유성/유일성의 부여로 대체 불가 토큰이 되는 것임

② 디지털자산은 동전의 양면적 속성이 있음. 즉, 무한 공유/확산이라는 장점과 그로 인해 가치화가 어렵다는 단점 공유. NFT는 디지털자산에 고유값을 부여함으로써 "유일성"을 바탕으로 한 "고가의 가치화"가 가능하며 이에 따라 디지털자산 유통 시장이 가파르게 성장할 수 있는 촉매로 작용 기대

③ 디지털 자산(디지털 파일)은 기능적으로는 영상파일, 이미지파일, 음성파일 등이 있으며 내용적으로는 게임 아이템, 예술품, 나만의 사진/영상/음성녹음, 아이돌 공연 영상/음성, 아이돌 사진/팬아트, 가상 부동산 등 무궁무진. 이들 무궁무진한 디지털파일을 NFT화 해서 고가에 판매 가능

④ NFT 모멘텀이 강하게 작동한 업종 및 업체들: 게임, 미디어/엔터 등 NFT화를 위한 디지털자산 근원 IP가 풍부한 업종들 + NFT를 거래할 수 있는 범용 베이스 코인 보유 업체들 + NFT 기반 디지털자산 거래소를 운영 중이거나 운영 예정인 업체들

2021년 12월 23일 / 성종화 애널리스트 / 출처: 이베스트투자증권

게임 관련 위메이드 게임 '미르4'의 실제 홈페이지 화면(© Wemade Co.)

게임 관련 스마트폰으로 즐기는 게임 예시

게임 관련 NFT 예시

▶게임 관련주
총정리

게임사	NFT 거래소	토큰 기반 P2E	메타버스
위메이드	위믹스 월렛에 NFT 마켓 도입	• P2E 게임 미르4 출시 • 22년말까지 위믹스 플랫폼에 게임 100개 입점 계획 • 연내 위믹스 오픈소스 개발 키트(SDK)와 블록체인 금융(DeFi) 서비스 클레바 출시 예정	
컴투스 홀딩스 (구 게임빌)	22년 1분기 테라 블록체인 네트워크 기반 NFT 거래소 출시 계획	• 자체 토큰 'C2X' 발행 계획 • 게임 플랫폼 '하이브'에 블록체인 SDK 탑재 계획 • 22년 프로야구, 크로매틱소울, 프로젝트MR 등에 P2E 적용 예정	메타버스 가상 도시 컴투버스 출시 준비 중
컴투스	컴투스 홀딩스와 협력	22년 서머너즈워 크로니클 C2X 토큰 기반 P2E 게임으로 출시 계획	메타버스 가상 도시 컴투버스 출시 준비 중
카카오게임즈	22년 NFT 거래소 도입 예정	검토 중. 게임 토큰 보라코인 보유	메타버스 집중 육성 계획
엔씨소프트	22년 NFT 거래소 도입 예정	검토 중	검토 중

국내 게임 기업 블록체인 도입 현황 및 계획

게임사	NFT 거래소	토큰 기반 P2E	메타버스
넷마블	검토 중	검토 중	메타버스 엔터테인먼트에서 버츄얼 아이돌 사업과 메타버스 콘텐트 사업 진행 예정
크래프톤			장기적 관점에서 인터랙티브 버추얼 월드 연구 잔행 중
펄어비스	이브 온라인에 '테조스' 기반 NFT 콘텐트 추가	신작 '도깨비'에 도입 검토 중	신작 '도깨비'에 메타버스 콘텐트 대거 도입 예정
NHN		위믹스 플랫폼 이용 게임 개발계획	
조이시티		위믹스 플랫폼 이용 게임 개발계획	
네오위즈	자회사 네오플라이 제휴로 도입 검토 중	관계사 네오플라이 협업으로 적용 검토 중	

자료: 각사, 언론자료, 삼성증권 정리

컴투스

기업개요	• 모바일 게임 개발 및 공급을 주력 사업으로 하는 기업임. 데이세븐, 노바코어, Beijing Raymobile 등 10개 기업을 연결대상 종속회사로 보유함 • '서머너즈 워', '낚시의 신', '사커스피리츠' 등이 동사의 주요 게임임 • 2000년대 초부터 해외 시장에 진출함. 미국, 중국, 일본, 대만, 싱가폴, 독일 등에 현지 법인을 두고 전 세계 주요 국가에 모바일 게임들을 제공하고 있음 <div align="right">[출처: 에프앤가이드]</div>
가치분석	• 컴투스홀딩스(게임빌)의 자회사이며, 시총 2조 대의 게임회사로 최근 위지윅스튜디오 인수 • 안정적인 매출 이어지고 있고 낮은 부채비율 유지하지만, 영업이익률은 다소 하락 중
정보분석	• 크로니클의 NFT모델 적용과 더불어 신규 메타버스 플랫폼으로 성장 • 글로벌 성공IP를 활용한 블록체인 기반 게임 출시로 인해 성장 기대감
차트분석	• 연봉을 보면 7년째 장기 박스권을 형성하며 비추세구간임 • 일봉상 2021년 하반기 게임주 강세에 힘입어 거래량 증가하며 주가탄력성 높아지고 있음

넷게임즈

기업개요	• 동사는 2013년 5월 6일에 설립된 온라인, 모바일게임 소프트웨어 개발업을 주요 사업으로 영위함 • 게임 개발업을 전문으로 하는 게임 개발사로서 동사의 게임을 퍼블리셔를 통해 서비스하며 퍼블리셔는 구글 플레이스토어, 앱스토어 등을 통하여 게임을 공급 • 2021년 2월 출시한 Blue Archive는 Yostar Inc.를 통해 일본 지역에 서비스하고 있으며 2021년 11월 (주)넥슨코리아를 통해 국내, 글로벌 서비스를 앞두고 있음 [출처: 에프앤가이드]
가치분석	• 넥슨코리아가 56% 지분한 것이 가장 큰 특징 • 안정적인 매출이나 이익을 확보하지 못한 재무제표로 가치분석상으로는 매력도가 낮음
정보분석	• 넥슨지티 합병: 모바일 RPG 전문 개발사와 FPS 전문 개발사 결합 • 양사 합병 통해 개발역량 극대화 및 플랫폼 다각화 가능, 국내유일 넥슨 상장법인 상징성
차트분석	오랜 박스권 형태에서 넥슨지티와의 합병소식으로 거래량 수반하면서 신고가 갱신패턴으로 전환한 차트

엠게임

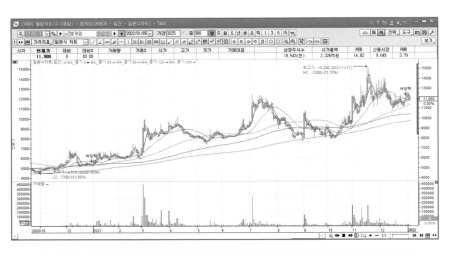

기업개요	• 게임 개발 및 공급을 주요 사업으로 하는 기업임
	• 웹사이트 www.mgame.com 포털사이트에서 온라인 게임과 광고를 서비스함
	• 열혈강호 온라인, 나이트 온라인, 이터널시티 등이 동사 주요 게임임
	• 동사 매출은 PC, 모바일 등 게임 서비스와 광고서비스로 구분됨. 국내의 경우 아이템 판매가 대부분을 차지하며, 해외의 경우 게임에 대한 로열티 및 수익배분에 따른 매출이 주를 이루고 있음
	[출처: 에프앤가이드]
가치분석	• 최근 3년 연속 매출액, 영업이익 증가하며 성장성 확인한 2,000억대 소형 게임주
	• 영업이익률 30% 이상, 부채비율 20% 미만, 최근 PER 8로 저PER주 유지 중
정보분석	• '귀혼', '드로이얀 온라인' 등 IP 기반 신작, 스팀 신작, 퍼블리싱 확대 등
	• 가상현실(VR) 테마파크 및 로봇을 이용한 스마트카페 등 오픈할 예정
차트분석	• 최근 3년간 계단식 상승을 이루고 있는 성장주 차트
	• 일봉상 눌림목조정 잘 받으면서 완전정배열 유지 중

로봇
(AI 포함)

▶ 로봇이 친구가 되는
영화 같은 세상

최근 삼성전자가 조직개편을 통해 로봇사업팀을 격상하고, 로봇사업에 뛰어들면서 '삼성봇'의 로봇 상용화 원년을 선포했다. 우리나라 최고 기업 삼성이 뛰어들면 그 산업은 매우 커진다. 반도체에 가장 먼저 뛰어들어 삼성전자를 500조 기업으로 키워낸 삼성그룹은 전기차 배터리산업에 진출해 삼성SDI를 K-배터리 1위 기업으로 만들어냈다. 또한, 바이오산업에 진출해 삼성바이오로직스를 시총 1위 바이오기업으로 만들었다. 이와 함께 반도체, 2차전지, 제약·바이오는 우리나라의 중추 산업으로 성장했다.

로봇산업에 진출을 선언한 그룹은 삼성뿐이 아니다. 이미 LG그룹은 LG전자에서 모바일사업을 철수하기로 하면서 그 인력과 자원을 로봇과 전장사업에 집중하기로 청사진을 밝힌 바 있다. 또한, 강소로봇기업 중 로보스타를 인수했고, 로보티즈에 투자하는 등 발빠르게 로봇산업에 M&A 투자를 진행하고 있다. 특히 LG전자 출신인 구광모 LG그룹 회장이 여러 차례 로봇산업에 욕심을 드러낸 만큼 로봇산업에 대한 LG그룹의 방향성은 명확하다고 볼 수 있다.

최근 로봇업계의 동향을 보면 국내 M&A를 넘어서 굵직한 해외기업 M&A가 성사되었는데 현대차그룹이 보행 로봇 기업인 '보스턴 다이내믹스'를 인수했다. 보스턴 다이내믹스는 현대차그룹에서 인수하기 전부터 로봇에 관심 있는 유튜버들에게 유명한 기업이었다. 유튜브에서 '보스턴 다이내믹스' 검색할 경우 개처럼 생긴 사족보행을 하는 로봇 영상이 바로 검색된다.

관련해서 흥미로운 이야기를 하나 하자면, 로봇의 완성도 확인을 위해 로봇을 발로 차서 쓰러뜨리는 영상에서 해당 행동이 학대인가 아닌가로 논쟁이 벌어진 적이 있었다. 논쟁이 벌어진 것 자체가 바로 로봇 사회에 진입했다는 증거다. 우리가 로봇을 어떻게 대해야 하는지에 대한 것이 법규로 제정될 것이고, 도덕적인 측면에서 로봇을 어떻게 대우해야 하는지에 대한 논의도 이루어질 것이다.

로봇산업과 반드시 연계해서 봐야 할 산업이 AI 산업이다. 동물과 인간의 가장 큰 차이가 언어의 유무인 것처럼, 인간처럼 말을 배우고 말로 교육하고, 기억하는 것이 인공지능이라 할 수 있다. 인공지능의 핵심은 딥러닝이다.

딥러닝이란, 컴퓨터가 마치 사람처럼 생각하고 배울 수 있도록 하는 기술로 지속해서 배우는 것을 의미한다. 딥러닝을 위해서 많은 데이터가 필요한데 데이터와 가장 직접적인 회사는 모든 데이터가 모여 있는 플랫폼 회사이다. 그렇기 때문에 구글이 AI 산업의 선두 주자로 떠오른 것이다. 따라서 국내에서 AI의 핵심이 네이버와 카카오인 것은 너무 당연한 이야기다.

또한, 3대 통신사 역시 인공지능과 관련이 있다. 통신사의 네비게이션이나 인공지능 스피커에도 인공지능 기능이 도입 발전하고 있다. 우리가 뇌를 어디다 떼어 놓고 사용할 수 없듯이, 기기의 뇌라고 할 수 있는 인공지능은 4차 산업의 기술들과 떨어뜨려 생각할 수 없는 핵심기술이다. 사람처럼 관절을 쓰고 걷는 로봇의 최종목적지는 사람처럼 생각하는 로봇이고, 이러한 기술은 자율주행과 메타버스에도 쓰일 수밖에 없다.

▶리포트 요약

> **▶로봇 분야에 투자한다면**
>
> - 삼성전자의 로봇사업 분야 강화 움직임에 관련주 관심 증가
>
> - 글로벌 운용사도 2022년 주목해야 할 테마로 로봇 선정
>
> - 로봇 분야, 해외기업에 투자한다면 ETF로 국내기업에 투자한다면 개별적 접근 필요
>
> 2021년 12월 16일 / 설태현 애널리스트 / 출처 : DB금융투자

▶ 왜 이제는 로봇인가?

삼성전자, 연말 조직개편을 통해 로봇사업팀 정식 출범
  ① 삼성전자와 LG전자는 가전과 연결될 가정용, 협동 로봇을 중심으로
  ② 현대차그룹은 로봇전문기업인 Boston Dynamics를 인수. 다양한 용도의 로봇을 중심으로
  ③ 네이버는 자회사인 네이버랩스를 통해 자율주행과 클라우드 기술을 결합한 로봇시장 진입
  ④ Amazon은 물류시스템부터 Last-mile 배송까지 무인화하기 위해 로봇을 개발 중
  ⑤ Tesla도 AI Day를 통해 휴머노이드 로봇에 대한 컨셉을 공개

전보다 더 많은 기업이 로봇에 진출하고 있는 이유
  - 핵심기술들의 고도화와 융복합
  ① ROS를 비롯한 로봇 OS의 오픈 소싱과 이를 로봇개발 프로세스와 연결해 줄 클라우드 서비스
  ② 클라우드 환경에서 개발된 로봇 S/W는 로봇이 외부 환경에 맞게 동작할 수 있도록 만들어주는데, 크게 모터 제어, 자세 제어, 측위 제어를 명령하는 S/W가 필요
  ③ 또한, 자율주행의 Computer Vision과 인공지능 스피커 등 주로 영상과 음성을 인식하는 분야를 중심으로 발달해 온 AI가 물체 인식, 운동 제어를 딥러닝으로 학습시키는 용도로 발전
  ④ AI를 통해 로봇 S/W는 더 고도화되고 있으며, 모터, 엔코더, 감속기, 배터리 등 S/W를 실제 구현할 H/W도 발전을 거듭

자율주행과 인공지능 기술의 발전으로 로봇의 자유로운 이동이 가능해지고 다양한 내용과 작업을 담아낼 수 있게 되었다.
  - 기술 발전과 함께 산업용 로봇에서 협동로봇과 서비스 로봇으로 적용처가 더 다양해지며 더 큰 무인화 시장이 가시화

2021년 12월 14일 / 조희승 애널리스트 / 출처: 하이투자증권

로봇 상용화 관련 가게에서 서빙하는 로봇 예시

AI 관련 인공지능 스피커 사용 예시

로봇 관련 실제 '보스턴 다이내믹스' 홈페이지(© Boston Dynamics)

▶ 로봇 관련주 총정리

티커	기업명	시가총액	산업분야	비즈니스분야
			딥서치의 스마트 테크-로봇포트폴리오 구성종목	
A066570	LG전자	21,929	통신 및 방송 장비	C-TV, V.C.R., 컴퓨터, 완전평면 TV, 플라즈마 디스플레이 패널 TV, 전자제품(세탁기외), CDMA(코드분할다중접속) 이동통신, 전자교환기, 전송기기, 이동통신단말기 제조
A009540	한국조선해양	6,957	강선	선박, 해양구조물, 엔진, 펌프 전동기, 중전기, 중장비 제조/자동창고, 물류시스템
A098460	고영	1,455	그 외 기타 특수목적용 기계	반도체검사장비, 정밀측정장비, 공정검사자동화시스템 제조, 도매/소프트웨어 개발
A052020	에스티큐브	262	기타 산업용 기계 및 장비	전자부품, 정보통신기기, 지능형로봇 외 도매, 유통, 수입, 개발
A004380	삼익THK	249	구름베어링	직선운동시스템, 메카트로시스템, 기타정밀 자동화기기 제조, 판매/전자상거래, 인터넷 관련 s/w, h/w 개발, 판매, 유지보수
A060280	큐렉소	246	의료용 기구	정형외과 의료로봇, 임플란트 판매, 무역(발효유, 라면)
A058610	에스피지	226	전동기 및 발전기	소형전동기, 소형모터, 정밀모터, 전기전자기기, 음식물 처리기, 전동력응용기계기구류 제조, 도소매/무역
A090360	로보스타	218	산업용 로봇	직각좌표로봇, 수평다관로봇, 수직다관절로봇, 트랜스퍼로봇, 정밀스테이지, 반도체장 제조, 무역

티커	기업명	시가총액	산업분야	비즈니스분야
A056080	유진로봇	156	산업용 로봇	지능형로봇, 홈로봇, 자동화장비, 로봇부품 제조/로봇, 봉제완구류, 팬시용품, 유아용품 도소매, 수출입알선/로봇콘텐트
A090710	휴림로봇	117	산업용 로봇	산업용로봇, 모션컨트롤러, 지능형로봇 제조/소프트웨어 개발
A160980	싸이맥스	204	반도체 제조용 기계	반도체장비, FPD관련장비 제조, 도소매/소프트웨어 자문, 개발, 공급
A007820	에스엠코어	140	기타 물품 취급장비	자동화물류시스템, 자동화공정설비(물품취급장비, 무인운반시스템, 하역운반기계) 제조, 설비공사
A140670	알에스오토메이션	107	그 외 기타 전자부품	모션제어기, 드라이브, 에너지제어장치, 공장자동화장비 제조, 도매, 설치, 수리/무역/부동산 임대
A059120	아진엑스텍	100	메모리용 전자집적회로	전자집적회로, 모션제어칩, 전자계측기, 산업용제어장비, 반도체부품, 컴퓨터 주변기기 제조/소프트웨어 개발
A094940	푸른기술	79	사무용 기계 및 장비	금융자동화기기모듈, 역무자동화기기모듈, 특수단말시스템 제조, 판매/소프트웨어 개발
A215100	로보로보	76	그 외 기타 전기장비	교육용로봇, 생활가전용로봇 제조, 도소매, 전자상거래

티커	기업명	시가총액	산업분야	비즈니스분야
A099440	스맥	55	전자 응용 절삭기계	공작기계, 산업용로봇, 첨단 정보통신기기 제조/첨단정보 통신관련 연구기술용역(망관리시스템, 데이터서비스연동장치)
A048770	TPC	50	그 외 기타 일반목적용 기계	구동기기(실린더), 방향제어기(밸브) 제조, 판매, 설계용역
A106520	디지탈옵틱	44	사진기,영사기 및 관련 장비	카메라렌즈(휴대폰, 차량용), 초대형프로젝터렌즈 제조

자료: DeepSearch, DB금융투자 (단위: 십억원)

LG전자

기업개요	• 동사와 종속기업의 주요사업부문은 Home Appliance & Air 솔루션, Home Entertainment, Mobile Communications, Vehicle component 솔루션 등 6개로 구분 • OLED TV는 초슬림, 월페이퍼, 롤러블 TV 등 지속적인 혁신 제품 출시로 프리미엄 시장을 지속 선도하고 있음 • 디스플레이 오디오와 내비게이션 영역에서는 동사의 디스플레이 및 소프트웨어 역량을 활용하여 제품 차별화 중 <div align="right">[출처: 에프앤가이드]</div>
가치분석	• 안정적인 매출과 이익 확보하였으나 성장성은 다소 떨어짐 • 150%가 넘는 부채비율이 다소 아쉽지만 1,800%가 넘는 유보율은 긍정적임
정보분석	• LG 클로이 가이드봇, LG 클로이 서브봇, 실내외 통합배송로봇 등 5G와 인공지능을 접목한 로봇 공개 • 일상생활에서 쉽게 접할 수 있는 로봇에 초점을 맞춰 상용화 진행 중
차트분석	• 2021년 1월 애플카 재료가 나오면서 역사적신고가 갱신한 이후 1년간 조정 중인 차트 • 최근 하락추세에서 벗어나기 위해서 정배열 전환 진통과정을 거치고 있지만 기간조정 필요

바이브컴퍼니

기업개요	• 동사의 주요 제품으로는 자체 AI 빅데이터 기술을 기반으로 한 썸트랜드, AI solver, AI report등이 있음. 디지털턴, 메타버스, 테크핀 등 신사업 확장 중 • 핀테크사업과 관련해 동사는 AI의 활용이 확대될 것이라 판단하여 인공지능 핀테크기업인 퀀팃을 자회사로 편입함 <div align="right">[출처: 에프앤가이드]</div>
가치분석	• 2000년 7월 다음(현 카카오)에서 분사하여 설립된 기업으로 2대 주주가 카카오인 것이 포인트 • 2020년 10월 신규상장하였으며 기술성장기업부 소속으로 여전히 적자지속 상태임
정보분석	• 빅데이터 분석 사업 및 인공지능 기술을 활용한 AI챗봇 공공기관 수주 실적 • 디지털 트윈(Digital Twin)과 메타버스(3차원 가상세계) 사업에서 의미 있는 성과 기대
차트분석	신규상장 이후 8개월 이상 조정을 보이다가 메타버스 강세에 편승하며 신고가 차트로 전환하였음. 현재는 완전정배열 진행 중 눌림목 차트 구간

레인보우로보틱스

기업개요	• 동사는 2011년 2월 설립된 인간형 이족보행 로봇 플랫폼 전문 벤처기업으로, 제품군은 크게 인간형 이족보행 로봇 플랫폼, 협동로봇 및 천문 관측용 마운트 시스템으로 분류할 수 있음 • 로봇 핵심기술을 기반으로 초정밀 지향 마운트를 개발하였으며, 취미 활동가, 전문가뿐만 아니라 최근 군사용으로 활용할 수 있는 다양한 형태의 마운트를 개발하여 시장을 꾸준히 확대하고 있음 • 2020년부터 본격적으로 협동로봇 개발 사업을 추진하고 있음 <div align="right">[출처: 에프앤가이드]</div>
가치분석	• 2021년 2월 신규상장한 종목으로 기술성장기업부 소속으로 낮은 매출에 영업적자지속기업으로 재무제표만으로는 매력이 떨어지는 종목 • 다만 다른 로봇기업들과 달리 산업용로봇이 아닌 인간형로봇, 의료용 로봇 분야인 것이 포인트
정보분석	• 인간형 로봇개발을 위한 내재화된 핵심 로봇 기술 보유 업체 • 신규로봇개발을 통한 신규사업 추진 중 : 자율이동로봇, 의료용로봇 등
차트분석	신규상장 이후 1년 이상 역배열 조정권에 있었으나, 삼성의 로봇사업 진출선언 이후 정배열 진통과정을 거치며 완전정배열 초입구간으로 진입 중인 차트

우주항공
(신소재 포함)

▶ 스타워즈를 보고 자란 아이들, 우주로 가다

　메타버스나 자율주행 그리고 로봇과 달리 우주여행은 먼 나라 이야기로 들린다. 아마도 그 이유는 우리나라의 우주항공산업이 많이 뒤처져 있어서인지도 모른다. 또한, 국내에서 메타버스 공간, 자율주행차, 로봇을 접할 수는 있지만, 민간우주선을 접할 수는 없다는 것도 우리가 우주항공 시대를 멀게만 느끼는 이유라 할 수 있다. 외국의 경우 우주항공산업은 이제 국책사업을 넘어 민간사업으로 범위가 확장되면서 전문 우주 비행사가 아닌 민간인의 우주여행이 진행되고 있다. 바야흐로 민간 우주 시대가 개막된 것이다.

　우주 항공산업에 관해 이야기하면서 우주여행이라는 표현을 썼지만, 우주항공산업에 본격적으로 들어서면 여행이나 관광의 차원을 뛰어넘어 우주개발이 이루어질 것이다. 우주라는 공간이 민간인에게 열린 이상 돈 있는 사람들이 우주로 나가는 시대가 점점 가까워질 것이라 확신한다.

1977년 나온 영화 '스타워즈'를 보고 자란 테슬라의 CEO 일론 머스크(1971년생)는 스페이스X가 만든 우주선을 타고 우주로 향하고 있다. 일론 머스크의 라이벌로 불리는 아마존의 제프 베이조스 역시 마찬가지다. 이제는 '별들의 전쟁'이 세계적인 부자들의 '돈들의 전쟁'이 된 것이다. 그렇다면 세계 최고의 부자들이 우주로 향하는 이유는 무엇일까?

15세기 유럽의 국가인 포르투칼, 스페인, 영국과 같은 나라들이 앞다투어 향신료 등의 무역을 위해서 바다로 뛰어들었고 이는 유럽의 입장에서 새로운 대륙인 아메리카 대륙을 발견하게 되는 계기가 되었다. 대항해시대는 수십 년간 이어졌으며 정치적으로는 제국주의 경제적으로는 산업혁명으로 이어지게 되었다.

어쩌면 지금 세계의 부자들이 우주로 향하는 것은 700년 전 유럽의 강국이 바다로 향하는 것과 같은 의미는 아닐까? 미지의 세계에서 우리를 기다리는 그 무엇을 향해 가는 도전정신이 계속된다면 우주항공산업은 상상도 할 수 없는 비약적인 발전을 하리라 확신한다.

▶ 우주, 마지막 블루오션

- New Space 메가트렌드 변화에 따른 인공위성 시장에 주목
  ① 저궤도 소형군집위성 발사가 본격화되는 시점에서 해외향 공급 증가
     가 예상되는 기업
  ② 우주정보활용 플랫폼을 기반으로 새로운 비즈니스 모델을 갖춘 기업
  ③ 지속적인 정부 사업 수주를 통해 국산화 수혜가 예상되는 기업에 주목

- 민간 우주기업 중심의 New Space로 패러다임 변화
  : 우주개발의 패러다임이 과거 정부주도에서 민간기업 중심으로 변모함
    에 따라 상업적 우주개발이 본격화될 전망

- 저궤도 소형군집위성 본격화
  : 향후 저궤도 소형군집위성 중심으로 6G 통신을 비롯해 자원탐사, 영상
    분석 등 민간 주도의 새로운 수요가 고도화될 것으로 예상

2021년 10월 22일 / 윤창배 애널리스트 / 출처: KB증권

▶ 하늘로 우주로. 팽창의 시대가 오다

- 변함없는 방위사업 성장세. 국방예산 지속 확대
  : 정부의 국방예산 확대에 따른 관련 기업 수혜 예상

- 민수 사업의 턴어라운드. 항공기/위성/우주선 모두 양호
  : 리오프닝의 효과로 민항기 관련 기체/엔진부품 실적 턴어라운드 시작
    Space-X와 OneWeb 등 미국계 벤처를 중심으로 우주 인터넷 경쟁이
    치열해졌고, 기존 통신 업체들의 시장진출 가능성도 대두되고 있음. 국
    내기업들 역시 정부로부터 기술이전 및 해외 벤처기업 투자 등을 통해
    2030년까지 우주개발 시장 진입 목표

2021년 11월 24일 / 최진명 애널리스트 / 출처: NH투자증권

우주항공 관련 우주비행사 예시

우주항공 관련 우주선이 발사되는 모습 예시

우주항공 관련 지구 밖 인공위성 예시

▶ 우주 관련주 총정리

국내 우주 산업 Supply Chain			
위성체 제작	**발사체 제작**	**지상장비**	
		지상국 및 시험시설	**발사대 및 시험시설**
한화시스템	한국항공우주	쎄트렉아이	한국조선해양
한국항공우주	한화에어로스페이스	힌양이엔지	한양이엔지
LIG넥스원	한양이엔지	제노코	하이록코리아
쎄트렉아이	하이록코리아	넵코어스	단암시스템즈
AP위성	넵코어스	아이엠티	신한TC
제노코	단암시스템즈	우리별	케이엔씨에너지
나라스페이스테크놀로지	데크항공	루미르	티오엠에스
카이로스페이스	두원중공업	케이앤씨에너지	대성티엠씨
데크항공	모아소프트	KT SAT	
두원중공업	비츠넥스텍	하이게인안테나	
솔탑	데크항공	카이로스페이스	
신한TC			
아이엠티			
디티알시스템즈			
루미르			
티오엠에스			
데크카본			

*주: 상장사를 주황색 글씨로 표시

위성서비스 및 장비			우주탐사
원격탐사	위성방송통신	위성항법	
비앤티	한화시스템	넵코어스	위즈노바
솔탑	인텔리안테크	모아소프트	카이로스페이스
이엔지정보기술	STX엔진	솔탑	
해양수산정책기술연구소	디티알시스템즈	이엔지정보기술	
공간정보기술	KT SAT	KT SAT	
에스아이아이에스	하이게인안테나	대성티엠씨	
	위즈노바	공간정보기술	
	케이앤에스아이앤씨	나라스페이스테크놀로지	
		에세텔	
		디젠	
		이마린아이씨티	

자료: 과학기술정보통신부, KB증권
*주: 상장사를 주황색 글씨로 표시

저궤도 위성 통신 인터넷 원리

자료: The Economist, 유진투자증권

한화에어로스페이스

기업개요	• 동사는 1977년 8월 1일 설립되어 1987년 5월 27일 유가증권시장에 상장함 2018년 3월 23일 한화에어로스페이스주식회사로 상호를 변경하였음 • 항공기 및 가스터빈 엔진, 자주포, 장갑차, CCTV, 칩마운터 등의 생산 및 판매와 IT 기술을 활용한 서비스 제공을 주요 사업으로 영위함 • 엔진사업은 핵심기술의 진입장벽이 높으며, 장기간의 개발과 투자를 필요로 하며, 방산산업은 단일 수요자를 대상으로 판매함 [출처: 에프앤가이드]
가치분석	• 안정적인 매출과 이익 영위하나 200% 가까운 부채비율이 최고의 단점 • 최근 PER은 10이하를 유지하고 있고 PBR도 1미만임
정보분석	• 민수 부문 실적 개선 확연, 방산 수출 증가에 대한 기대 지속 • 쎄트렉아이 인수로 한화그룹의 우주산업에서 중심적 역할
차트분석	2010년 이후 10년 동안 주목받지 못한 차트인데, 2021년 일봉상 우상향 하며 정배열차트로 전환하였음. 현재는 다시 조정권에 진입하여 이평선 수렴과정에 있음

인텔리안테크

기업개요	• 동사의 명칭은 영문으로는 'Intellian Technologies Inc (약호 Intellian Tech)' 라고 표기함 • 벤처기업육성에 관한 특별조치법 25조의 규정에 의해 벤처기업에 해당됨 다양한 서비스를 지원할 수 있는 여러 가지 안테나를 개발해 시장에 제공하고 있음 • 위성방송 수신안테나 제품(TVRO), 지상용 송수신안테나(Flyaway), 저궤도 위성통신용 안테나, 게이트웨이(Gateway) 등 제품군 보유 <div align="right">[출처: 에프앤가이드]</div>
가치분석	• 안정적인 매출이 있으나 아직 이익이 확보되지 못한 재무제표임 • 부채비율 양호하지만 PER이 100이 넘는 고PER주임
정보분석	• 해상용 VSAT 성장성(대형 선박 기준 20% 설치) • LEO 위성통신용 안테나 고성장 지속(OneWeb 서비스 개시, 타 저궤도 위성통신 사업자들의 위성 발사
차트분석	2021년 2월에 형성한 역사적 신고가 고점을 10개월 만에 다시 갱신하면서 역사적신고가패턴을 이어나가는 매우 강한 우상향 패턴을 만들어냄

쎄트렉아이

기업개요	• 동사는 위성시스템 개발 및 관련 서비스사업을 영위할 목적으로 1999년 12월 29일 설립되었음 • 2008년 6월 13일에 코스닥시장 상장을 승인받아 회사의 주식이 2008년 6월 13일 자로 상장되어 코스닥시장에서 매매가 개시되었음 • 지상체 분야에서는 소형/중형/대형위성의 관제 또는 위성으로부터 취득된 정보를 수신/처리하기 위한 지상국 장비와 S/W 공급을 핵심사업으로 영위 <div align=right>[출처: 에프앤가이드]</div>
가치분석	• 2020년 전년 대비 높은 성장성 보였으나, 2021년 적자전환 했음 • 부채비율 100%에 유보율 2,300%로 시총대비 재무안정성 높은 편임
정보분석	• 위성영상 분석 사업도 성장이 기대: AI 기반 위성영상 분석을 통해 다양한 문제들의 분석·예측(도로 변화를 통한 시장 분석, 재해 분석, 국가 방어, 작물 생산량 분석 등) • 국내 초소형 군집 위성 사업 본격화
차트분석	• 2021년 2월 고점 형성 이후 1년간 회복하지 못하고 역배열 상태로 전환했음 • 최근 정배열 전환 시도하고 있으나 기간조정이 필요함

성장주에 투자하라

초판 1쇄 인쇄 2022년 1월 21일
초판 1쇄 발행 2022년 2월 17일

지은이 이정윤
펴낸이 권기대

펴낸곳 ㈜베가북스 **출판등록** 2021년 6월 18일 제2021-000108호
주소 (07261) 서울특별시 영등포구 양산로17길 12, 후민타워 6~7층 주식회사 베가북스
주문·문의 전화 (02)322-7241 팩스 (02)322-7242

ISBN 979-11-6821-014-1 (03320)

＊ 책값은 뒤표지에 있습니다.
＊ 잘못된 책은 구입하신 서점에서 바꾸어 드립니다.
＊ 좋은 책을 만드는 것은 바로 독자 여러분입니다.
　(주)베가북스는 독자 의견에 항상 귀를 기울입니다. (주)베가북스의 문은 항상 열려 있습니다.
　원고 투고 또는 문의사항은 vega7241@naver.com으로 보내주시기 바랍니다.
＊ (주)베가북스에 대한 더 많은 정보가 필요하신 분은 홈페이지를 방문해주시기 바랍니다.

vegabooks@naver.com www.vegabooks.co.kr
 http://blog.naver.com/vegabooks vegabooks VegaBooksCo